権力と新聞の大問題

望月衣塑子
Mochizuki Isoko
マーティン・ファクラー
Martin Fackler

a pilot of wisdom

はじめに

望月衣塑子

いま日本は、岐路に立っている。そして、日本の新聞も岐路に立たされている。私は官邸の記者会見に通い続けて安倍政権の動きを注視する日々を送る中で、そう強く感じている。このままでは危ないという危機感が日増しに強くなっている。

第二次安倍内閣は、安倍一強と呼ばれるように権力を掌握し、安保法制、特定秘密保護法、テロ等準備罪という名の共謀罪など、国家権力による統制を強める法律を数の力によって打ち立ててきた。こうして安倍晋三首相の悲願である憲法改正に向かってずんずん突き進もうとするのを、私たちは黙って見ているわけにはいかない。「もはや自分たちを止める者はだれもいない」とでも言わんばかりの政権に、日本の新聞を始めとするメディアは「待った」をかける力があるのだろうか。

安倍政権は、第二次安倍政権になって特にメディア・コントロールを強化してきた。メディアのトップとの頻回な会食や、情報操作を行う一方、高市早苗総務相（当時）による停波発言、放送法四条の撤廃を打ち出すなど、アメとムチを巧みに使い、政府にとって都合のいい報道をメディアが〝忖度《そんたく》〟していくよう促している。

「それでは真のジャーナリズムとは言えないよね」

対談中、マーティン・ファクラーさんに何度も言われた。ファクラーさんはニューヨーク・タイムズ日本支局長を始め、二〇年以上、日本を拠点にしてアメリカや世界各国の取材に飛び回り、権力とジャーナリズムの関係性を問い続けてきた国際的なジャーナリストだ。

今回、ファクラーさんと対談して、安倍政権とトランプ政権のメディア対応には共通点がいくつもあることがわかった。政権に批判的なメディアに陰に陽に圧力をかけるというのがそのひとつだ。ところが、日本のメディアがそれに屈し、萎縮してしまっているのに対し、アメリカのメディアは、ジャーナリストとしての闘志を燃やし、トランプ政権に毅然《きぜん》と立ち向かい続けている。アメリカのジャーナリスト魂はトランプ政権になったことで、再びその闘志に火がついたように見える。

ベトナム戦争を分析・記録したアメリカ国防総省の機密文書「ペンタゴン・ペーパーズ」の存在を暴露したワシントンポストの社長と編集局長を描いた映画「ペンタゴン・ペーパーズ／最高機密文書」（スティーブン・スピルバーグ監督）は空前のヒット作となり、ニューヨーク・タイムズやワシントン・ポストの販売部数は過去最高の売れ行きだという。

「日本の新聞も、本当は安倍政権に立ち向かう力を十分に持っている」

日本の記者をずっと見てきたファクラーさんはそう言った。実際、新聞報道をきっかけとして巻き起こった森友・加計《かけ》疑惑は安倍政権に大きな打撃を与えている。その後も財務省の公文書改竄《かいざん》、自衛隊の日報隠蔽《いんぺい》、厚労省の裁量労働制のデータ捏造《ねつぞう》など、新聞などのメディアによる調査報道が活気づけば活気づくほど、安倍政権の支持率は下がっている。

インターネット時代の到来という新たな社会の枠組みの中で、新聞は何を伝えるべきか。ジャーナリストの使命とは何か。今回、ファクラーさんとじっくり話し合ったことで勇気と希望を持つことができた。

ネット時代のいまだからこそ、真のジャーナリズムとは何かが問われている。記者が市民とともに、日本のジャーナリズムの在りようを少しずつ変えていくには、不断の努力が必要だ。そして、その努力なくして、日本を民主主義国家たらしめることは不可能であることも、改めてファクラーさんから教えていただいた。

多くの読者の方々にとって、この本がよりよい社会を形作っていく、希望と夢と力を与えてくれるための一助となることを願ってやまない。

目次

財務省文書改竄で見えてきた安倍政権の本性
政権に逆らう人間を潰す方法
トランプ大統領のおかげで部数を伸ばしたアメリカの新聞
新聞がアグレッシブな報道ができない根深い理由
情報にアクティブなネット時代の読者

第八章　ネット時代における報道メディアの可能性

なぜ日本では新しいメディアが出てこないのか
韓国のネット・メディアが日本よりも進んでいる理由
ニューメディア期待の星、ワセダクロニクルの挑戦
バズフィード・ジャパンが示すメディアの可能性
安倍首相がＡｂｅｍａＴＶをジャックした日
マスメディアは「中立」を目指す必要があるのか
なぜフェイク・ニュースが喜ばれるのか
進化するフェイク・ニュース

撮影──三好祐司
企画協力──髙木真明
構成──松橋孝治

第一章　権力に翻弄される報道メディア

新聞は安倍政権に屈したのか？

望月　いま日本の新聞やテレビを始めとしたマスメディアを取り巻く状況として、まずふたつの問題があります。ひとつは、一部のメディアは政権をチェックするという役回りより、政権とともに力を肥大化させていること。もうひとつは、インターネットによる情報が広く国民に伝わるようになったことで、新聞の存在意義を読者に感じさせる力がかつてより弱まっていることです。

新聞を含む大手マスメディアは、政権をチェックしようという意識が弱体化しているばかりでなく、その中から、むしろ政権に寄り添うような報道を続けるメディアや記者も出てきました。また、インターネットやSNSによる情報を見た人たちが「ネットにはこういうふうに出ているのに新聞はぜんぜん違うじゃないか」と新聞の報道を疑問視するようになり、新聞の社会的信頼性が従来より低下していると感じます。

たとえば、私が菅義偉《すがよしひで》官房長官の会見で質問を重ねている様子は、毎日のように動画でネット上にアップされています。かつて閣僚の会見は、国民の関心が非常に高い問題についてのみニュース映像としてテレビで流されることはありましたが、普段は、会見に出席した記者が新聞やテレビでその一部を切り取って国民に伝えるという形しかありませんでした。

それが、ネットや動画の普及で会見の全容をだれもがすぐに見られるようになった。そうすると、動画を見ている人たちは「大臣は会見でこういうことを言っているのか」というのが一目瞭然になると同時に、「記者たちは、どの問題について、どんな質問をしているのか」という視点で、記者の取材力や追及力やスタンスをチェックでき、それがまたネットを通じて拡散していくようになりました。

そういう中で新聞は、最前線の記者からベテランの論説委員らによる社説に至るまで、その紙面で何をどう伝えているか、新聞を通じて読者にどう政治の現状を伝えているのか、政権がいま、いったい何をしようとしているかを伝える使命を果たせているのか。読者はそこに疑問を持っているし、私たち新聞記者自身もそこに危機感を持っています。

そこで、そうした問題を始め、日本の新聞はどうあるべきか。その存在意義そのものを含めて問い直さなければいけないんじゃないか。今回は、それをファクラーさんと一緒に考えていきたいと思います。ファクラーさんは日本のメディアと日本という国を長く見つめ続けてきたと同時に、アメリカを始め各国のジャーナリズムについて、もっとも詳しいジャーナリストです。ファクラーさんは、いまの日本の状況と日本の新聞をどう見ていますか？

ファクラー　安倍政権と日本のメディアの関係を見ると、たしかにメディアが安倍政権に屈しているように見えます。では、安倍政権がメディアに対して特別に強硬な圧力をかけているかと言えば、そうではないと思います。世界的に見ると、どの民主主義国家においても、政権がメディアに対して圧力をかけようとするのは珍しいことではありません。政権を運営するうえで、現政権に不都合な報道ができるだけ行われないように、メディアへの情報操作をしようとするのはよくあることで、トランプ政権だけでなくオバマ政権でもそういうことをしていました。

ただ、アメリカのメディアはトランプ政権に対してもオバマ政権に対しても、そうした圧力や情報操作に屈しないで報道するのがジャーナリズムであるという基本姿勢があります。日本の場合、そこが弱いんじゃないか。政権に対するメディアの取材ぶりを見ると、馴《な》れ合《あ》いの関係と同時に、権力にはあまり逆らわない姿勢が見られます。

それは長い間、日本では政府とメディアが、お互いに持ちつ持たれつの関係でバランスを取りながら共存共栄してきたからだと思いますが、それがいまになって、望月さんが言う「読者の疑問と記者自身の危機感」につながっていると思います。

日本は戦後、五五年体制が長く続いていたおかげで、与野党の馴れ合いと、政権とメディアの馴れ合いという構造の中で報道が行われてきました。政権交代はあったにせよ、基本的に民主党政権までは、政権とメディアの関係性は、その延長線上にあったと思います。それは、政権によるメディアへの激しい弾圧もないかわりに、緊張感のない甘い関係の温床にもなる。つまり、権力による圧力や情報操作に屈しないジャーナリズムが育ちにくい環境だったと思います。

望月　そこに第二次安倍政権が出てきて、マスコミに強硬な態度を示したり、うまく利用したりして、いまファクラーさんが指摘されたような日本のメディアの体質に乗じて、意図的なコントロールが始まっているということですね。

ファクラー　その通りです。第二次安倍政権は、従来の政権とは違い、メディアへの情報操作をしたり、特定のメディアに強い圧力をかけたりして、メディアがまるで政権の広報のような報道をすることが起こり始めました。あえて繰り返しますが、政権側がメディア側に圧力をかけたり情報操作をしたりするのは世界的によく見られるけれど、欧米のメディアはそれに易々《やすやす》と屈することはありません。

ところが、日本のメディアは屈しているように見える。安倍政権がメディアに対してやっていることは、日本の歴史的経緯の中では強い圧力に見えるけれど、各国の政権に比べて、そんなに強硬な弾圧だとは思えません。でも日本のメディアは、日本の政治風土やマスコミ文化に慣れているから、安倍政権のようなやり方には慣れていない。あっさり圧力に屈するような形になって政権に利用されてしまう。闘い慣れていないから、すぐに負けてしまうのです。二〇一四年に朝日新聞が吉田（清治）氏の調書問題で簡単に謝罪してしまったのも、その一例です。

そういう状況の中で、望月さんは菅官房長官の記者会見で鋭い質問をぶつけて、問題を追及しようとしています。その姿勢が、菅官房長官にすれば「不都合なことを聞くしつこい記者」であり、一方、安倍政権に疑問を抱いている国民にとっては「私たちを代表して政府を追及してくれる記者」として注目され、期待を一身に集めています。

しかし、実は望月さんがやっていることは、ジャーナリストとして当然の取材であり、他の記者がそうしないことが変なのです。

なぜ望月記者は質問をし続けなければいけないのか？

望月　ごく当たり前の質問をしているはずの私が、こんなふうに目立ってしまうのはおかしなことで、私自身、日本の新聞記者のひとりとして、正直恥ずかしいと思っています。もちろん記者会見で時に厳しく鋭い質問をする記者もたまにいますが、同じ会見場にいる記者の中に温度差がかなりあることも事実です。

従来の定例会見は官房長官の話が一通り終わると、面倒な質問を何度もぶつけようとする人はいなくて、だいたい一〇分ほどで終わるというのが通例でした。私が二〇一七年六月に初めて出席するようになって、何回も手を挙げて質問をしていると、時間が長引けば長引くほど、「またおまえかよ」「いつまでやる気だ」という空気が官房長官側の人たちだけでなく記者の間からも伝わってきました。

記者クラブ主催の定例会見という伝統的な場所で、昔からの慣習に従って会見をすることに慣れている人たちにとって、私のような人間は「空気を読めない迷惑なヤツ」です。でも、このネット社会の中で、記者会見はだれでも動画を見られるオープンな場所になっているから、会見している閣僚だけでなく、それと向き合っている記者自体も見ている人たちからチェックされているわけです。そこで記者クラブの空気を読んだり閣僚の気持ちを忖度したりして、ぬるい質問しかしないようでは、見ている人たちが「なんだ。なあなあじゃん」と思う。そう思われているような記者が書いた記事を果たして読者は読みたいと思うのか。人々のマスメディア不信がさらに加速していくのではないのかとも感じます。

ファクラー　いままで記者クラブの住人同士では「こういうものだ」と思っていたスタイルが、動画を見た人たちにとっては「こんなことやってたのか」と思うようなものでしかなかったら、だれも新聞なんか読もうとしませんよね。

政権を取材する記者が、どういう姿勢で取材対象に向き合っているか。それが報道の価値を高くもするし低くもします。その点で、私が長年、日本のジャーナリズムを見てきて強く感じているのは、「アクセス・ジャーナリズムと調査報道」についてです。

アクセス・ジャーナリズムとは、権力に近い側に寄りそって取材し情報を得ること。アメリカでは「アクセス・チャンネリズム」という言い方もします。その一方にあるのが調査報道や市民型ジャーナリズムです。メディア独自の調査を丹念に積み上げ、現場の取材を重ねることによって、そのメディアなりに確証を得た事実を報道し、問題提起をしたり社会に訴えたりする。これは、そのメディアが責任を持って調査報道をするという意味で、「アカウンタビリティ・ジャーナリズム」という言い方もされます。

そして、日本では、このふたつのうち、アクセス・ジャーナリズムのほうが非常に強くて、調査報道や市民型ジャーナリズムが非常に弱い。これが日本のジャーナリズムの大きな問題だと思います。記者が政府関係者などと良好な関係を築き、そこで情報をもらって報道する。たとえば、記者クラブが仕切っている会見では、多くの記事がそれで成り立っているので、政権が発表した内容通りの記事ばかりになる。つまり、政権に都合のいい記事になりやすいのです。

アクセス・ジャーナリズム自体は世界各国のジャーナリストがどこでも行っていることです。政権内部の情報や捜査機関の捜査に関する情報などを手に入れるために、その情報を詳しく知り得る立場にある人と日ごろから円滑なコミュニケーションをとっておくのは必要なことです。ただし、日本では、あまりにもアクセス・ジャーナリズムに偏りすぎています。特に大手メディアの記者は取材対象との距離感が近くなりすぎたり、緊張感が失われてしまったりということがあります。

たとえば、政府首脳の会見で明らかにされた話以外の情報が記事になっている場合、新聞は「政府高官の話によると……」などという書き方をしますが、その情報源は会見とは別の場所で政府首脳がリークした内容であることが多い。アクセス・ジャーナリズムに頼り切っている記者たちは、そういう情報を得るためには、アクセスを切られないように、常に取材対象の近くにいて親しくしておかなければいけないという強迫観念のようなものがあるのです。

そうしたアクセス・ジャーナリズムの中で、政府関係者が意図的に記者に流した情報をそのまま記事にする記者がたくさんいます。そのリークは政府の情報操作の一環であり、政府に都合のいい報道をさせるためのものです。それに易々と手を貸してしまうのは真のジャーナリズムとは言えません。その情報が客観的に正しいものか、読者にとって有益な情報であるかを独自に取材し、調査し、記事を出すか否かを判断するのがジャーナリズムの重要な務めなのです。

もちろん日本の新聞も、しっかりとした調査報道で時の政権を厳しく追及した例はいくつもあります。最近では朝日新聞の三月二日（二〇一八年）の調査報道に端を発した森友学園疑惑にまつわる公文書の改竄が政権を揺るがせました。ただ、望月さんが指摘したネット社会における新聞の存在という点で、日本の新聞は時代に追いついていないように見えます。

森友・加計疑惑以上に政権に都合の悪い問題を報じなかった新聞

望月　森友学園・加計学園疑惑は新聞各社それぞれ調査報道に力を注いで大きく報じましたが、同じ時期に起きたフリージャーナリストの伊藤詩織さん[*1]が警察に「性的暴行を受けた」と訴えた事件についての新聞報道は、まさに時代に追いついていない、大手新聞の旧体質そのものでした。詩織さんが勇気を持って顔と名前を公表して記者会見をしたというのに、新聞各紙はそれを大きく報じようとはしませんでした。

実はこの問題は、「モリカケ」疑惑と同じように、安倍首相や麻生太郎財務大臣に食い込んでいた人物が当事者だったので、安倍政権を揺るがすような問題に発展しても不思議はありません。詩織さんが告発したのは、元TBSのワシントン支局長でした。告訴状は受理され逮捕状が出たのですが、なぜか逮捕執行直前に取り消しになりました。彼は幻冬舎から『総理』という本を出し、「総理にもっとも食い込むジャーナリスト」として一躍有名になった人です。結局、彼は不起訴処分となり、詩織さんは検察審査会に不起訴不当の申し立てをし、同時に記者会見を開き、カメラの前で自らの顔を出し被害を訴えたのです。

ところが、新聞各紙の記者が会見に出席したにもかかわらず、大手各紙は記事にしませんでした。東京新聞は私の同僚が取材に出向き、翌日、一段見出しのベタ記事で掲載されました。朝日新聞は、この問題に強い関心を持っていた記者が後日、やはりベタ記事でしたが掲載しました。大手紙では他に毎日新聞が後日、やや大き目に報じました。

ファクラー　その背景には、やはりアクセス・ジャーナリズムが潜んでいる感じがしますね。司法記者クラブ側が検事や検察審査会の側に対して「一度不起訴になった件を掘り起こして大きく報じるとアクセスに亀裂が入りかねない」という忖度がきっとあるんでしょうね。日ごろから記者たちは検察が言ったことをそのまま記事にするわけでしょ。その情報やリークの裏に何があるかをほとんど調べようとはしないで。

望月　もちろんこの件について、しっかり独自に報道をしている記者もいます。たとえば、東京新聞には「こちら特報部」というページがあります。ここでは記者クラブ制度に頼らずに独自の調査取材で作ることを旨としています。このページで私の先輩の佐藤圭記者が詩織さんの事件を取り上げ、記者会見の詳細や取材による識者の見解なども含めた記事を大きく掲載しました。これには読者からの大きな反響もありました。

しかし、大手メディアの趨勢《すうせい》は、やはり検察の「不起訴相当」という判断には、あえて異を唱えないという空気があります。ただ、詩織さんの件がそうでしたが、よくあるのが、「検察が不起訴にしたんだから、それでわが社としてもおしまい」と言いながらも、その後、詩織さんの件が民事裁判になると、司法記者クラブに所属している全メディアから記者が来るわけです。

ファクラー　それは、他社が一斉に扱っている大きなニュースをつかむのが遅れる「特オチ」が怖いのと、「これ、おたくは書きますか？」「うちは書きます」という談合。つまり、各紙が競争しているのではなくて、一種のカルテルですね。オンリーワンの取材がどうも苦手なんですよね。

望月　詩織さんのことも、結局、ニューヨーク・タイムズやBBCがしっかり報道しているのに、日本の大手メディアは報じようとしない。それで、どういうことになるかというと、やっぱりネットが大騒ぎになっているわけです。「海外の大手メディアが報じているほどの一大ニュースなのに、なぜ日本の新聞やテレビなどのマスメディアは何も報じないのか」「総理のお友だちの問題だからメディアは報じないんだ」「結局、忖度マスコミじゃないか」という声が噴出しているんです。

そんなふうにネットが大変なことになっているのは、もちろん各社の記者も知っているので、その後に始まった民事裁判には足を運んでくるんです。それで各新聞社の紙面には書かれていないけれど、デジタル版には記事が掲載されるという状態になっているわけです。ネット社会の中では、みんなが問題意識を持っているのが明らかなことでも、新聞として正面から取り上げないというのは、やはり日本の新聞が時代に追いついていないと言われても仕方ないと思います。

ファクラー　ここは非常に大事なポイントですね。ネットとかソーシャル・メディアによって社会に変化が起きたということです。いままでのニュースに見られなかったような透明性がそこにあって、取材のプロセスまでが多くの人たちに見られるようになりました。いままでは、取材した記者が紙とペンで全部書いて、自分の記事を打って、それをニュースとして発信していくという形しかなかった。それがさまざまなところから、いろいろな形で発信されたものをだれもがすぐに見られるようになりました。そういう変化が起きているのに、新聞が昔のままのスタイルで書いていることをいったいだれが読もうとするのでしょうか。

特にネットに慣れ親しんでいる二〇代、三〇代の人たちは、昔のジャーナリズムが続けてきた一方通行の情報発信には価値を見出《みいだ》していません。メディアから読者へ、メディアから国民へと一方的に送られてくるパターンにはもう満足できないのです。双方向のやりとりをするツーウェイの情報交換の形もあるし、複数の人たちがＳＮＳで意見交換をする方法もあるわけです。

情報のカオスに翻弄される新聞の存在意義

ファクラー　ネット社会で情報入手を続けている中で、自分の気に入った情報だけを見る。つまり、自分の気に入らないものは、まったく読まないという選別行為をする人たちが現れるようになりました。どのサイトの記事を読むか、だれが書いたものを読むかということを自分の価値観に応じて自分で取捨選択しているのです。

いままでの新聞は、編集者が「これがいちばん大事だ」と思うことを一面トップに持ってきて、「その次にこれ。そのまた次はこれ」というふうに、新聞を提供する側が決めた優先順位にそって読者が記事を読むという形でした。ところがもうそういう押しつけの序列の意味がなくなって、ネットの読者がいろんなところから自分の優先順位で記事を見ていくようになった。情報空間そのものが大きく変わってきたのです。おそらく、忖度という言葉がはやったのは、政治不信だけでなく、ある意味で既存のメディアに対する不信感でもあると私は思います。メディアも政権に忖度しているじゃないかという不信です。

望月　政治に対するチェック機能だったはずのメディアが、ネット社会の中でチェックされる側になって、国民は政治と同時に既存のメディアをも疑って見ているという状況ですよね。アメリカの場合、そのあたりのことはどういう状況になっているんですか？　トランプ大統領は、自分自身もネット上のツイッターで発信する一方、既存のメディアに向けて盛んに「フェイク・ニュース」という言葉を投げつけますよね。

ファクラー　トランプ大統領の言う「フェイク・ニュース」には「自分に都合の悪いニュー

ス」というものもあれば、実際にアンチトランプ派のネガティブ・キャンペーンもあったりします。トランプ政権以来、アメリカでフェイク・ニュースという言葉がはやった通り、ネット社会にはフェイク・ニュースと本当の情報が混在していますが、構造的には日本と大きな違いはありません。情報社会の環境が大きく変わった時代の中で、既存のメディアがどうやって信頼性を保つか。これは各国共通のテーマです。

どんなメディアのニュースもどんな記者も、毎日のようにネットで叩《たた》かれたり、いわれのないバッシングを浴びたりする社会になった。もちろん批判されるべきものもありますが、そうではないものまでもが炎上する。少しでも自分の主義主張と相容《あいい》れない記事や気に入らない発言に過剰に反応する人たちがすぐに出てきて、それが拡散していくのです。

そういう環境の中で、既存のメディアの存在そのものが問われている時代をどう乗り越えていくか。メディアが信用を保ち、さらなる信頼を築いていくためには何が必要か。そこは、やはりジャーナリズムの基本姿勢を問い直すことだと思います。

つまり、ジャーナリズムの存在理由を改めて示すこと。ネット社会に氾濫している一般のブロガーの情報やフェイク・ニュースまがいの記事と、本当のジャーナリズムは信頼性がこんなに違うということを示す。ソーシャル・メディア発の情報がどんなに拡散しても、そこには裏付けのない伝聞情報や噂話《うわさばなし》の類が数多く含まれているけれど、新聞は違う。ファクト、つまり事実を追求する姿勢、正しい情報を収集して発信する技術、キャリア、マンパワーが、SNSや一般のブロガーと新聞を比べてこんなに差があるということを示す。信用性の面では、やっぱり既存のメディアに格段の優位性があるということを、誠実にエネルギッシュに自らの手で示していくことだと思います。

「イラクに大量破壊兵器がある」と伝えた記者の大失策

望月　ネット社会が進んで、既存のメディアの存在意義が問われている。つまり、ネット時代の波が日本のジャーナリズムにも押し寄せてきているということですよね。その点、アメリカは日本よりかなり早くからそういう波がきて、ネット時代のジャーナリズムという形に移行していきましたよね。

ファクラー　アメリカでも九〇年代後半にはブログやSNSの脅威がウォール・ストリート・ジャーナルやニューヨーク・タイムズに襲いかかっていましたが、一時的なことでした。ネットで新聞を読む読者の数を含めると、結果的に新聞離れは起きませんでした。一九九〇年代後半〜二〇〇〇年代に「新聞が必要なくなるんじゃないか」と心配されていたことは現実には起こらなかったのです。それはやはり情報の信頼性において、ＳＮＳやブログと、ブランド力のある新聞とでは大きな差があるということを読者が再認識したからです。

アメリカの既存メディアが国民の信頼を回復したのは、二〇〇三年のイラク戦争の報道に対する強い反省があったからです。あのとき、メディアはブッシュ政権に対する批判がまったく足りなかった。ブッシュ政権が「イラクに大量破壊兵器がある」と言ったことをマスメディアがみんなで鵜呑《うの》みにしてしまったのです。「本当にそんなものがあるのか？」という疑問を投げかけるジャーナリストはいませんでした。

それどころか、実はあのとき、まさにアクセス・ジャーナリズムに偏りすぎて大きなミスをしてしまった記者がいました。ニューヨーク・タイムズのジュディス・ミラーという女性記者がアハマッド・チャラビという亡命イラク人から情報を得て、「イラクにこういう大量破壊兵器がたくさんある」というスクープを真っ先に飛ばしたと言われています。その後、彼女は何度もこの件について特ダネを書きました。

ところが、結局、それは全部ウソだった。政権の意図的なリークをそのまま記事にしてしまった。つまり、彼女はブッシュ政権に利用されて、イラク戦争*2に口実を与えることに手を貸してしまったのです。

その後、大量破壊兵器がなかったという事実が明白になり、彼女はジャーナリストとしての職を失ってしまいましたが、それ以上に大きな痛手をメディア全体が受けました。ホワイトハウスにいるジャーナリストたちみんながミラー記者に追随するかのように、ブッシュ政権が言う通り、大量破壊兵器の存在を疑わずに報じたのです。これらのことが、メディアの信頼性を大きく傷つけてしまったのです。

望月　ミラーさん自身は、意図的に誤報を流したわけではなくて、「大量破壊兵器がある」と信じて、そう書いたんですよね。

ファクラー　そうです。それがアクセス・ジャーナリズムの怖いところです。彼女はホワイトハウスにいる記者たちの中でも非常にアクセス能力が高くて、政府高官から信頼されていました。だからこそ、利用されてしまったのです。ジャーナリストが取材先に過剰に近づきすぎたり依存したりすると、判断の基準が甘くなって、批判精神を失い、こういうことが起こってしまうのです。

その深い反省がアメリカのマスメディアにはあるのです。特にニューヨーク・タイムズ内には、その事件の後、アクセス・ジャーナリズムに対する警戒心が強かった。政権に対する批判的な視点を失うことがないように心がけなければならないという大事な教訓になったのです。

もっとも、アクセス・ジャーナリズムがすべていけないと言っているわけではありません。取材相手や取材内容によっては、事実を追求するためにアクセスが必要なときも当然あります。ただ、そっち側に偏りすぎてはいけない。アクセス・ジャーナリズムの一方には常にアカウンタビリティ・ジャーナリズム、調査報道が大事だということです。問題は、そのバランスなのです。その正解はひとつではありません。

アメリカのジャーナリズムも、何度か過ちがあって、それを教訓として、また次に進むということを繰り返してきました。イラク戦争の前にもニクソン大統領とアクセス・ジャーナリズムの問題がありました。もっとも最近のことで言えば、トランプ大統領が勝ったのは、そもそも選挙期間中のメディアの世論調査がまちがっていたのが選挙結果に大きな影響を与えることになったからです。

トランプ大統領が招いた情報空間の大亀裂

望月　トランプ大統領が勝った一因には、「アルト・ライト（Alt-Right）」と呼ばれる新右翼の存在もあると言われていますよね。昔のアメリカのような白人男性を優遇する思想を持っている人たちにトランプ大統領の「アメリカ・ファースト」が響いたという指摘があります。

日本でも、いわゆるネット右翼、ネトウヨ的な主張をする人たちが安倍政権を支持しているという図式があります。どちらもネットを通じて、自分の主張に近いものだけに同調して、そうではない意見や情報には過剰に反応して叩こうとする偏向が見られます。

ファクラー　日本ではネット右翼のように扇情的で感情的な情報を盛んに流そうとする人たちがいます。嫌中嫌韓とか、極端な改憲論とか、極端なナショナリズムに惹《ひ》かれる人たちが、安倍政権のナショナリズム志向に同調したりするのです。

アメリカでは、トランプ大統領のツイッターに大喜びで同調する人たちがいて、それをまたトランプ大統領が賛美して、極端なアメリカ・ファーストのような主張が正当化されていったりする。こういう極端な主義主張を掲げることが普通になってきています。かつてなら「そんなこと言ったら支持率がガタ落ちになる」と言われていたような極論や差別的で偏向した主張がまかり通るようになって、そっちのほうが、もはや主流になってきたと言ってもいいぐらいです。

いま、アメリカではそういう傾向が強くなっています。なんでもかんでも政治的な見方をして同調したり攻撃したりしたがる人たちが増えているのです。自分たちにとって都合のいい主張だけを情報として受け止めて、そうでないものはフェイク・ニュースだと言って見ようとしない。超保守主義の人は、自分たちが気に入らない情報を見ると「これはリベラル派がでっち上げたデマだ」と言い、リベラル派の人たちは、自分たちの主張と相容れない情報に接すると「こんなものはトランプ支持派によるフェイク・ニュースだ」とお互いに言い合っているのです。

本当は、どちらにも事実があるしウソもある。でもその真偽をちゃんと見極めようとはしないのです。次第にトランプ支持派はトランプ大統領の御用メディアであるブライトバート・ニュース[*3]しか見ないようになるし、反トランプ派の人たちはトランプ大統領が「フェイク・ニュースだ」と非難するメディアばかりを見ようとします。

そんなふうにトランプ政権以降、アメリカの情報空間が分裂しているんです。そういう分裂はイギリスや韓国でも起きています。日本ではまだそこまではいっていないと思いますが、近い将来、そうなる可能性もあると私は見ています。

望月　憲法改正の問題で、そういう分裂が起こるんじゃないかという意味ですね。もし改憲派と護憲派が分裂したら、さまざまな場面で、それこそなんでもかんでも政治的な見方をてしまって、情報空間もどんどん分裂してしまう。

ファクラー　そうです。憲法改正をするとなったら、日本社会が初めて真っ二つに分裂する可能性があります。そして、憲法改正と同時に、第二次世界大戦をどう見るかという問題も重なってくると思います。戦後、日本では「あの戦争はまちがいだったかどうか」という問題をちゃんと議論しないまま棚上げにしてきました。しかし、もしいまの日本で、その問題に正面から向き合って、「戦争してもいい国にするのかどうか」という憲法改正の議論が巻き起こったら、日本の社会が分裂する可能性があります。

そんなふうに政治的な分裂が起きたら日本のメディアも大きく変わると思います。いままでの日本のメディアの構造は、基本的に第二次世界大戦のときからのものだと私は見ています。国家総動員法のもとに日本人がみんな同じ方向を向いて進むという時代の中で形作られたのが日本のメディアであって、戦前のメディアとは違うと思います。

つまり、大本営発表をそのまま報じるという形が、基本的にはずっと続いているのではないか。戦後、日本は憲法問題や戦争の総括は棚上げにして、経済にフォーカスしようという一種のコンセンサスがありました。そのもとに五五年体制が形成され、その下に日本のメディアの構造があった。国家総動員法から始まったそのメディアの構造を、戦後は平和な日本社会のために平和的に使ってきたのです。そこに護送船団方式のような記者クラブ制度を作って、横並びの報道を続けてきたのがいままでの形だと思います。

ところが、この先、ずっと棚上げにしてきた憲法問題や戦争についての考え方で国が真っ二つに分裂されるようなときがきたら、メディアも記者クラブも大きく変わらざるを得ないと思います。みんなが同じ方向を向いていたときには成立していたメディアの構造は、分裂に慣れていないし、耐えられないからです。これまで記者クラブには存在価値や既得権益や利便性もあったと思いますが、そのときが来たら、この構造は崩れると思います。

＊1　伊藤詩織さん
二〇一五年四月三日夜、ジャーナリストの伊藤詩織さんが当時のＴＢＳワシントン支局長と就職の相談のために会食したが、その際、薬を盛られたなどとして、ホテルでの準強姦の被害を訴えている。二度不起訴になった後、民事係争中。著書に『Ｂｌａｃｋ　Ｂｏｘ』（文藝春秋）。

＊2　イラク戦争
二〇〇三年三月、イラクが大量破壊兵器を保有していることを理由にアメリカ軍がイラクを攻撃。サダム・フセイン政権は崩壊、フセイン大統領は同年一二月アメリカ軍に逮捕され、二〇〇六年末にイラク高等法廷により死刑判決、のち刑が執行。後年の調査によって大量破壊兵器が見つからなかったことなどから国際的に疑問の声があがった。

＊3　ブライトバート・ニュース
アメリカの右派系ニュースサイト。元ブロガーのアンドリュー・ブライトバート氏が二〇〇七年に創立。一二年ブライトバート氏死去後、スティーブ・バノン氏が会長。バノン氏は大統領選挙でトランプ陣営の選挙対策本部長。トランプ政権で首席戦略官に就任後、二〇一七年八月解任、ブライトバートへ復職。

第二章　メディアを自縛する「記者クラブ」

記者クラブという日本的な横並び

ファクラー　私が記者として日本で取材をするようになって、もっとも驚いたのは公的機関や業界団体など各組織ごとにある記者クラブの存在です。これは実に日本的なシステムです。

明治時代に初めて記者クラブが作られたときは、取材に非協力的な帝国議会に対抗するという目的がありました。それは、ある時期までは意義のあるものだったわけですが、やがて主要メディアの既得権益を守るための存在になっていったと思います。

日本の場合、この記者クラブこそが、さっきから何度も言っているアクセス・ジャーナリズムの主要舞台となっています。いつも当局の発表を待って、それを伝えるだけの受け身なジャーナリズムを生み、権力に都合のいい情報だけを国民に伝える役割をしてしまいがちなのです。

その体質は非常に排他的で情報を寡占的に得て、クラブ内の横並びや談合体質を生みやすい。その結果、どのメディアも均一で似たような内容の報道しかしなくなってしまいます。

望月　ひとくちに記者クラブと言っても、各クラブによって違いがあるので、アクセス・ジャーナリズムの強弱も違うし、記者会見の空気や不文律のようなものにも違いがあると思います。

私が社会部の記者として東京地検特捜部の会見などに出ていたときには、各社の記者が何度もしつこく質問するというのは珍しくもなんともないことでした。事件に関する取材ではそうやって質問を重ねなければ、なかなか核心に触れる答えを引き出せないことが多いからです。

ところが、菅官房長官の会見に出るようになって驚きました。しつこく何度も質問をぶつける人は、ほとんどいないんです。先にも言いましたが、私が初めて菅官房長官の会見に出たのは二〇一七年六月です。世間では森友・加計疑惑で大騒ぎになっていて、多くの国民が疑惑を感じている問題だというのに、その件で積極的に食い下がって質問しようとする人もあまりいませんでした。

この疑惑に関して、だれかが質問しても、菅官房長官は「そのような指摘は当たりません」「政府としてコメントすべきことではありません」「まったく問題ありません」という答えしかしない。それなのに、それ以上の質問を重ねようとする人があまりいないのです。この問題のキーマンである安倍首相が官邸会見を減らし、ぶら下がりの質疑にもほとんど応じようとしない以上、政権の中枢にいる官房長官に食い下がって聞くしかない。そう考えて私はしつこいくらいに質問を重ねました。それが新聞記者の仕事だと思っているからです。

こうした安倍政権の閣僚の会見には、やはり安倍一強の驕《おご》りが表れていると強く感じました。

たとえば、麻生財務大臣などは、よっぽどのことがないかぎり財務省内での会見を開かず、閣議後のぶら下がりで数問受け付ける程度。これは安倍政権が「メディアなんてどうにでもなる」というふうに思い始めている表れだと思いました。逆に言えば、森友・加計疑惑について、各社が調査報道に力を注いで安倍政権を厳しく追及していくようになったのは、安倍政権に甘く見られてきたメディアの意地の表れでもあったと言えます。

ファクラー　本来、ジャーナリズムは、そういう調査報道がしっかり行われるべきですよね。もちろん記者クラブのアクセス・ジャーナリズムにはメリットもある。メディアと取材対象が、いい関係を保っていれば、お互いに快適で仕事がしやすいということもあるでしょう。ただ、それが行きすぎると、まちがいが起こることがあります。アメリカも他の国のメディアにもそういうことがあるんです。日本独特の問題ではありません。でも、やはり日本の記者クラブは独特な既得権益に守られた面が強いですね。記者クラブの中にいる人たちはそれで取材しやすいかもしれないですけれど、弊害もあると思います。

望月　非常に専門性の高いテーマについて報道するときには、たとえ記者が一生懸命に調べたり勉強したりしても、長年そのテーマの研究に携わったり経験をしたりしてきた専門家とはどうしてもハンデがある場合があります。そういうときには詳しい資料や経緯について記者クラブが専門的なレクチャーを受けるということもあります。

たとえば、最高裁が一票の格差訴訟の判決を出すというときは、判決当日に一気にドーンと出されても、どう記事として整理して読者にわかりやすく組み立てるか、すぐにさばくのが難しいときがあります。そこで最高裁の判例や今回の特殊性や重要なポイントなどを記者たちが正確に把握して、記事に漏れやミスがないようにするためのレクチャーをする場合があります。そうすることで、最高裁の側は判決の主旨や正当性を報道を通じて正しく国民に伝えられるし、新聞の側は判決の全文を載せるだけでなく、そのポイントや専門的な細部まで含めて読者にわかりやすく正しく伝えることができる。つまり読者にとってもメリットがあるというわけです。

あるいは、厚労省が新薬などの認可決定を出すときに、専門的な内容について記者の側が事前に調査したり準備したりするための資料やレクチャーを記者クラブとして受ける。これにも新薬や認可の詳細を正確にわかりやすく漏れなく記事にするために、記者クラブのアクセス・ジャーナリズムと新聞の調査報道を兼ね備えて取材するための機能的なメリットがあるわけです。

でも、既存のメディアに対する国民の期待感や信頼感が落ちてきている中にあって、相変わらずの体制のままでは読者の支持を得られないという危機感があります。国民の知る権利を守るための記者クラブであるためには、どういう改革が必要なのかということを心ある人たちは常に考えています。

閉鎖性を加速する記者クラブ

ファクラー　国民の知る権利と報道の自由のためには、記者クラブは少なくとも、もっとオープンな場所にするべきですよね。十数年前、私がウォール・ストリート・ジャーナル日本支社の記者だったとき、銀行・金融政策担当でした。日銀の福井総裁の記者会見に出たいと思って日銀の広報に申し込んだら「こちらではなく記者クラブに許可をもらってください。幹事社は日経ですので、そちらへどうぞ」と言われました。不思議なシステムだなあと思いながら日経の幹事の人に頼んだら「ダメです」と言うんです。

望月　え？　ウォール・ストリート・ジャーナルの記者に日経の記者が「日銀総裁の会見には出ちゃいかん」って言ったんですか？

ファクラー　当時、世界第二位の中央銀行がそんなメディア対応をしているなんて信じられませんよね。幹事にそう言ったら「じゃあ出てもいいけど、質問はしないでください」と言うのです。これまた驚きました。記者が取材に行って何の質問もしないなんて、中学生の社会見学でもあるまいし、ありえないですよね。それで日銀に掛け合ったら「いや、うちが管理してるわけじゃなくて、あくまでも記者クラブのほうでやっていることなので」と取り合ってもらえないのです。

要は、日銀がメディア対応に介入しなくてもいいように、日銀の都合のいいように記者クラブがメディアをコントロールしているということですよね。取材対象の顔色を窺《うかが》いながら記者クラブを平穏に運営して、ほとんど当局が発表した通りのことを書こうとするわけです。

そういう記者クラブの体質は、その後の東日本大震災のときもまったく変わっていませんでした。そのとき私はニューヨーク・タイムズ東京支局長でしたが、震災翌日の三月一二日には東京から車で北上して東北を取材して回り、福島第一原発から約四〇キロ地点の飯舘村《いいたてむら》、約二五キロ地点の南相馬市も取材しました。その後も被災地の現地取材を続け、震災発生から二カ月ほどしてからは福島原発に関する調査報道に重点を置きました。

実はこの二カ月の間にメルトダウンが疑われるような事態になっているにもかかわらず、政府は詳細を明かそうとせず、「メルトダウン[*1]はない」と言い続けていました。しかし、経済産業省の記者クラブは政府や東電の発表をそのまま報じるだけで、それ以上は追及しようとしませんでした。

また、放射性物質の拡散状況を予測するＳＰＥＥＤＩ[*2]というシステムを所管する文部科学省の記者クラブも、そのデータについて追及しようとせず、文科省側の発表をそのまま報じるだけでした。

ところが、後に明らかになったように、すでにメルトダウンは起きていたのです。結局、東電がそれを認めたのは震災発生二カ月後の五月一二日のことでした。私は現地で被災地の町長や村長に取材しましたが、「なぜいままで隠していたんだ」とみんな激しく怒っていました。

それから半年後、福島第一原発の取材に記者団が入ることになり、私もそこに加わりました。しかし、ここにも記者クラブの壁があったのです。記者団は内閣記者会と福島県政記者クラブの加盟社のみでフリージャーナリストはゼロ。そこに海外のメディアからは、テレビ局からふたり、カメラマンがひとり、そして新聞記者は私ひとりという構成でした。私が入れたのは単なるクジ引きの結果です。そこにはＡＰ通信もロイター通信も入れなかったので、私が彼らに取材状況を伝えて配信してもらうというありさまでした。この期に及んでなお、それほど閉鎖的なのです。

望月　それが時代とともに開かれるようになっているかと言えば、いまは逆に閉じられているのが、さらに問題だと思っています。記者クラブの閉鎖性という以前の問題として、安倍政権がメディアへの扉を閉じる傾向にあるんです。ごく初歩的なことで言うと、記者が官邸に出入りするにはパスが必要ですが、第二次安倍政権になってから、そのパスの制限が厳しくなっているんです。

たとえば、東京新聞の記者が官邸に取材に行く場合、政治部だけでなく社会部用のパスがあるんですが、それが急に回収され始めました。以前に比べてパスの使用期限がすごく厳しくなって、一年間使用していない人のパスは自動的に失効。おまけに毎回、パスのない記者は入館の許可を申請しなければいけないようになりました。新規のパスは、なかなか発行されなくなってきたし、フリージャーナリストは、ますます入れなくなった。官邸も各省庁も、そうやって、まるで政治行政の取材がしにくくなるように記者を締め出そうとするかのような対応を見せています。

「望月が来てからやりにくくなった」という記者たち

望月　これは二〇一七年、ニュースにもなったのですが、経済産業省は、いままでオープンにしていた執務室に全部施錠を始めました。これは明らかな記者の締め出しであり、取材拒否の姿勢に見えます。「これは国民の知る権利に反する」と記者クラブとして経産省に抗議をしています。抗議内容としては、手続きの厳格化で職員が取材を受けることに消極的になったこと。これまで取材対応することが多かった課長補佐が対応しなくなったこと。ニュースの渦中にある部署ほど取材を受けない傾向があるということです。経産省側は「庁舎管理の厳格化のため、取材対応者は管理職以上に限定する」という新たなルールも導入しました。

司法記者クラブも同様で、私が詰めていた九年前は毎日、四時半以降はオープンにしていたのが、最近、詩織さんの件の取材で東京地検の刑事部に行ったときには、やはり執務室が施錠されていました。オープンになるのは週一回三〇分だけというような検察幹部もいました。全体的に第二次安倍政権はそんなふうにメディアを締め出し、情報を締め付けているように思えます。いままでオープンだったものまで閉じられる方向にあるんです。

ファクラー　アクセス・ジャーナリズムそのものを閉じようとしているわけですね。

望月　政権べったりのメディアの幹部とは会食などを通じてアクセスを強めている一方、それ以外のメディアとのアクセスは閉じる方向になってきていて「政権に批判的なメディアは締め出してやる」と言わんばかりのやり方です。

実際にそうやって締め出された記者もいます。たとえば最近、フリーの軍事ジャーナリストが、長年使ってきたパスが外務省の許可が出ないため更新してもらえなくなり、防衛省の記者会見に出られなくなったケースがあります。彼は防衛装備品に非常に精通していて、大臣以下の幹部に会見ではいつも鋭い質問をぶつけていました。

あるとき、彼が「安保法制[*3]と言うけど、こんな貧相な自衛隊員への救急キットで海外に出て行って本当に大丈夫だと思っているのか?」という主旨の質問をして、専門的な救急装備の問題を具体的に詰めながら徹底的に追及したんです。それもあって、防衛省として救急キットについての見直しが行われた点もあるので、役に立つジャーナリストでもあるのです。それなのに「うるさいヤツだ。もう入れるな」ということになったんでしょうか。真相ははっきりしませんが、彼は、外国特派員の枠での許可を外務省でもらえなくなり、その結果、防衛省の記者会見にも自由に取材で来られなくなりました。当局側のやりようによっては有用な知識経験を持っている記者なのに、「これ以上、また何かを探られたら面倒だから」という感じで排除してしまうのか。客観的に見て、もしそうならば、まったく賢明な方法ではないと思います。これが安倍政権のメディア対応の本質のひとつを表しているのかもしれません。

つまり、安倍政権がやろうとすることに対してゴチャゴチャ言うヤツは邪魔だ。余計なことは言わず聞かず書かない、すべて忖度して都合のいい報道をしてくれる記者だけを受け入れようとするわけです。

もし安倍内閣がやろうとしていることに本当の信念と自信、そして適切なプロセスがあれば、どんなに批判されても、きちんと説明も反論もできるはずです。そういうのが実はあまりなくて、「僕、これやりたい」と安倍首相が思ったことを、きちんとした手続きや法的な根拠、議論を経ず『総理のご意向』だけを政府をあげてやろうとするから、いろいろ変なこともするし、国民に本当のことを知られないようにさっさと進めてしまおうとしているんじゃないか。こうした矛盾が森友・加計疑惑のような形で噴出しているのだと思います。政府がいま、やっていることを見ても、次々と問題が露呈した経緯を見ても、完全に政治と行政の劣化だと言わざるを得ません。

ファクラー　いろいろ嗅ぎまわられたくないから、うるさい記者を出入り禁止にするなんていう異常なメディア対応をしているということは、もしかしたら望月さんも、そういう目にあう可能性があるということでしょう？　何かそういう兆候のようなものはあったりするんですか？　「もうそれ以上、騒ぐな」と圧力がかかるとか。

望月　私の場合は幸いまだそういうことはありません。質問を遮られることはありますが、圧力がかかるというほどのことはありません。でも、実は菅官房長官の会見で、それまで一緒に菅官房長官に質問をぶつけてきた記者が会見に出られなくなるということが起きたんです。彼の場合は官邸や記者クラブからの締め出しではなく、社内人事の配置転換が理由ということでした。ただ、なぜ配置転換されたのかというと、どうもあるところからの圧力が原因ではないかという話を耳にしました。

彼は私以上に厳しい質問をして菅官房長官に問題を突き付けていく質問力も追及力もある人でした。森友・加計疑惑でも政府が再調査に動かざるを得なくなったのは彼の功績もあると私は思っていたのに、とても残念です。

そういう話は他にもあります。たとえば、安倍首相の故郷でのお墓参りの場で安保法案成立に関して質問をぶつけた記者が、ある首相秘書官のオフレコ懇談会の中で、その秘書官に無視されるようになったというんです。無視って、ずいぶん大人げないと思うけど、周りの記者も記者で、「あなたが来ると秘書官が何も話さないからもう来ないでほしい。あとで懇談会の内容はメモで渡すから」と言った記者がいたというからびっくりしました。

もちろんそういう記者ばかりではありませんが、情報を取るために政権ににらまれるようなことはしたくないという記者が残念ながら結構いるんです。

私の場合も、「望月が来てからやりにくくなった」と言っている人たちもいるようですが、社内外で応援してくださる人たちのおかげで、強制退去にはいまのところなっていません。あるとき、個人的な都合があって会見に出られない日が続いていて、久しぶりに出て行ったら「来ないから心配していたよ」と周りの人に言われました。「いつもあんなにうるさいのが、いきなりいなくなったから、どうしたのかと気になっていたよ」って。

ファクラー　きっと望月さんがいない間は、会見場も静かで時間も早く終わっていたんでしょうね。

自己アピールが得意なアメリカの記者たち

望月　ホワイトハウスの記者会見は日本の官邸に比べてどうなんですか？　政府高官の記者会見に質問や時間の制限はあるんですか？

ファクラー　時間は一応、制限が決められているんですよ。ただ日本と大きな違いがあるのは時間内であれば記者のだれもが質問を自由にできるという点です。それから日本のように事前に質問内容を出しておくということは、まったくありませんね。私が日本の政府高官に個別の取材を申し込んだときに驚いたのは、「あらかじめ質問事項を提出してください。それ以外の質問にはお答えできません」と事前に通告されたことでした。

しかも「FAXで送ってください」と言うんです。「え？　いまどきFAXですか？　メールじゃダメなんですか？」「はいそうです」。これ、いまでも政治家の取材はそうなんですよね。あるときニューヨークから日本の政府関係者に質問を送らなければいけないときがあって、オフィスで「日本にFAXを送りたいんだけど」「え？　FAXなんて、もうどこにもありませんよ。日本ですよね、相手は。本当にまだあんな技術先進国でFAXなんか使っているんですか？」「うん。しかも政府の中枢機関で」という笑い話になって、それが大受けして新聞記事になったことがあるくらいです。

望月　たしかに日本でも一般企業のオフィスではFAXは見かけなくなってきたけれど、議員会館の各部屋には、いまなおかならずありますよね。

日本の官邸とホワイトハウスでの記者の取材のあり方について、もう少し話してみたいと思います。ホワイトハウスの取材経験が豊富な日本人記者に話を聞くと、どの高官も記者会見とぶら下がりの両方をやるのは日本と同じだけれど、そのどちらのときも記者たちは質問の手を緩めたり、匙《さじ》加減に配慮して記事を書いたりすることはないと言います。

日本の場合は、記者会見以外のぶら下がりや懇談会、オフレコの会談などで高官の話を聞く機会が多い記者は、表の会見ではあまり質問をしなかったり、暗黙のルールに従った範囲でしか質問しなかったりという慣例があるけれど、そういうものがアメリカではまったくないというわけです。

ホワイトハウスの記者の中にも政権内部と強いパイプを持っている人たちはいるんだけど、じゃあその人が表の会見の場ではおとなしくしているかと言えば、ぜんぜんそんなことはなくて、ガンガン質問をぶつけていく。それは、記者会見というのは、記者自身が質問力を発揮したり、問題追及力を公に示して見せる場でもある。つまり、記者としての能力を競い合い、アピールする場所でもあるというのです。

ホワイトハウスの会見はテレビカメラを始め各メディアの報道を通じて、多くの人たちが政府高官と記者の応酬を見守っています。そこで鋭い質問をして、より重要な返答を引き出す能力が高い記者は、それを評価されてCNNのアンカー（ニュースキャスター）に抜擢《ばってき》されたり、他社から好条件でスカウトされたりする。だからアメリカの記者たちは、ジャーナリストの使命として政権を追及するというだけでなく、自分のジャーナリストとしての価値を高めるためにも、どんな場所でもどんな相手にも手加減なしで取材し追及するという面があるというふうに聞きました。

ファクラー　そういう面はありますね。私はホワイトハウスの報道体制に精通しているというわけではありませんが、ホワイトハウスの会見に出たときに周りの記者たちを見て感じるのは、いろんな人がいるということです。たしかに自分の存在をアピールして目立とうとしている人もいるし、目立ちたいとも思っていないけれど、「ちゃんと答えなさい」と厳しく追及する人もいます。政権との距離感もみんなバラバラだし、あと、結構バカな質問をする人もいたり、本当に多種多様です。

それに対し、日本の記者は判で押したように同じに見えます。雰囲気も質問の仕方も同じだし、新聞、テレビ、メディアを問わず、みんなそっくり。だから、質問をしている人が、どこの会社なのか、見ていてもまったくわかりません。会社名を名乗るルールがあるからそれを聞けばわかることはわかるけど、質問スタイルは各社押しなべて均一です。

一方、アメリカの場合は、質問しているのを見れば、だいたいわかるんですよ。「あの人はAP通信だな」とか「彼はワシントン・ポストだろう」「あれはバズフィードだ」というふうにね。

それから望月さんが言っていたように、アメリカの記者会見は記者自身の存在をアピールするパフォーマンスのための一種の舞台になっている面もあります。特にテレビのジャーナリストには有名人としてのブランド力を持っている人もいます。トランプ大統領に「あなたの局のCNNはフェイク・ニュースだ」と言われても、「でも大統領、これには答える責任があるはずだ。答えてください」と負けないで食い下がってみせるのです。

それが、「私はトランプ大統領を相手にしても引き下がらないジャーナリストだ」というパフォーマンスでもあるのです。テレビ局としても局のブランドを保つために、そういう押しの強さを持っている人を送り込む。たとえば、クリスティン＝アラン・ポールのようなカリスマ・ジャーナリストが、政権に立ち向かうように質問を飛ばす姿は、本人にもテレビ局にとってもブランド力を高めることになるんです。

その点、日本の場合は、NHKの大物キャスターが、記者会見に足を運ぶということはないし、その人が会見の場にいるだけで空気を変えてしまうような存在感のある人はあまりいないですよね。

望月　日本の新聞記者は、ジャーナリストであると同時に新聞社の社員であることがその言動を抑制している面もあると思います。テレビ局の記者も同じです。会社という組織に守られながら、組織の一員としてその枠組みの中で生きるという自己規制が働くので、アメリカに比べてカリスマ的に傑出したジャーナリストは出にくいのかもしれません。アメリカの記者も、そのメディアを運営する会社の社員であることは同じでも、社員気質が日本とはだいぶ違うでしょう。

ファクラー　違いますね。特にメディアで仕事をしている人たちの意識や企業文化が違います。日本の場合は、まだ終身雇用的な感覚があるけれど、アメリカでは一生ずっと同じ会社にいるという意識はほとんどない。実力さえあれば、いまよりいい待遇で迎えてくれる会社があるという前提で、いい評価を得られる仕事をしたいという欲求を持っています。まさにメジャーリーガーと同じ感覚です。ずっと同じチームにいたいというのではなく、いい成績をあげて、もっと高い給料で契約してくれるチームに移るというのがアメリカのジャーナリストのプロ意識です。

だから、会社の名前やブランド力に長々と甘えたり頼ったりしないで、個人として自分の実力とブランド力を上げていこうとするわけです。そこには厳しい競争もあるし、大きなチャンスもあるわけです。

新聞の記事も、記者個人はそういう意識を持って書いています。各社の記者は、それぞれの社に所属しているけれど、一個人のジャーナリストとして、いい記事を書こうという意識を持っています。

アメリカの新聞の記事は基本的にすべて署名原稿です。「ニューヨーク・タイムズの記者として記事を書く」という意識以上に「ニューヨーク・タイムズの紙面に、マーティン・ファクラーが書く」という意識があります。

読者も新聞を読むときは、「この記事はこの人が書いているんだな」という目で見ています。つまり、書いた人の名前をきちんと認識しながら読んでいるので、「この人の記事なら読みたい」「この人の情報だから信用したい」という評価をしているのです。

そうなると、ニューヨーク・タイムズの人気記者が、今度はワシントン・ポストに引き抜かれていくことも珍しくはありません。転職が当たり前の文化があるうえに、記者一人ひとりが「もっとキャリアアップしていきたい」という思いを持ちながら取材をし、記事を書いているのです。ここが、日本の新聞記者とアメリカの新聞記者のマインドの違いにつながっていると思います。

日米とも同じジャーナリストとしての使命感や社会的責任を持っているという点では変わりがないと思います。ただ、会社の方針や組織の論理にそって活動し、会社のブランド力を有効に使って取材をし、記事を書くことを基本姿勢としている日本の記者と、一個人記者として自分の商品価値を上げていきたいと思っているアメリカの記者は、やはり自《おの》ずと自己プロデュースや戦術が違ってくると思います。取材方針も変わってくるし、アクセス・ジャーナリズムや調査報道に対する姿勢も変わってくると思います。

それでも、ジャーナリストとして事実を追求したいという思いや、社会に問題提起をしたいという使命感は共通なのだから、アプローチの方法に違いはあっても、あるところからは目指す方向が重なり合っているはずだと私は思っています。

＊1　メルトダウン
原子炉で核燃料の溶融が起こり、その溶融物が圧力容器の底へ溶け落ちて溜まった状態のこと。溶融が進んだ場合には、圧力容器や格納容器を貫通するメルトスルーと呼ばれる状態となる。東京電力福島第一原子力発電所事故については、政府の原子力災害対策本部が二〇一一年六月七日、一～三号機でメルトスルーが起きた可能性も考えられるとする報告書をまとめ、国際原子力機関（IAEA）に提出している。

＊2　SPEEDI
緊急時迅速放射能影響予測ネットワークシステム（System for Prediction of Environmental Emergency Dose Information）。公益財団法人原子力安全技術センター運用の放射能の影響予測システム。原発事故などで、大気中に大量の放射性物質が放出された際、放出源の情報や周辺地域の気象条件や地形データを分析し、放射性物質の大気中濃度や環境への被曝線量の影響を予測するシステム。

＊3　安保法制
二〇一五年に成立し、二〇一六年に施行された武力攻撃事態法改正案や国連平和維持活動協

力法改正案からなる改正案一〇本を束ねた一括法案「平和安全法制整備法案」、そして、国会の事前承認があれば、常時自衛隊を紛争地へ派遣することができる「国際平和支援法案」を指す。特に武力攻撃事態法改正案においては、直接攻撃に日本がさらされているわけではなくても、日本と緊密な関係にある他国が武力攻撃された場合、「日本の存立が脅かされ、国民の権利が根底から覆される明白な危険がある」と政府が判断すれば海外での武力行使が可能になっている。

第三章　劇場化する記者会見

望月VS菅官房長官の仁義なき闘い

ファクラー　望月さんが菅官房長官の記者会見で鋭い質問をぶつけている姿に注目が集まるようになって、菅官房長官の木で鼻をくくったような受け答えしかしない姿が逆に目立つようになりましたよね。

「問題ない」「その指摘は当たらない」「政府としてコメントすることではない」と決まり文句を繰り返すだけ。望月さんが本質に迫るような突っ込んだ質問をしても「先ほども言いましたように」と言って、役人が用意した文書を再び読み返すだけで、まともに答えようとしない。

「ふざけるな!」と言いたくなると思いますが、よくがまん強く質問を続けていますね。

望月　がまん強いのは菅官房長官のほうかもしれませんよ。あらかじめ用意された公式見解以外は何を聞かれても絶対に答えないというのは、菅さん自身が言いたいことを言えないということだから、じっとがまんして同じことを言い続けたり、同じ文書を読み続けたりするのは、がまん強い人でなければできないと思います。

私が毎日のように何度も質問を続けていると、菅官房長官本人ではなく、報道室長が「質問は簡潔に願います」「同様の質問を繰り返すのはやめてください」というふうに制止したり割って入ったりしてくることが増えてきました。菅官房長官は不快な表情を浮かべたり、時に激高したりしていることもありますが、がまんして質問に応答してくれます。

ファクラー　その答えの内容は相変わらず「問題ない」だとしても、受け答えは一応、成立していますよね。その点、安倍首相は会見もあまりしないし、たまに会見をしたとしても質問の手を挙げた記者を選別して、自分のほうになびいているメディアの人だけしか指名しないんですよね。それに比べれば、うるさい記者にも質問をさせる菅官房長官の会見のほうが、まだましだとも言えます。

望月　ただ、私が菅官房長官の会見に出るようになってから二カ月ぐらいしたとき、ずっと菅官房長官の番記者をしている人に「俺にもがまんの限界がある」とこぼしていたことがあったそうです。そのころから菅官房長官は私の質問に答えるときに「その指摘は当たらない」と言うだけでなく、私に対する個人攻撃を意図しているんじゃないかと感じられる言葉を発するようになったんです。

たとえば、「あなたの主観に基づいた質問をしないでください」「そういう憶測に答える必要はありません」というふうに、私の質問内容にはまるで根拠がないかのように切り捨てようとしました。まさに加計疑惑で文科省内に「総理のご意向文書」[*1]が出てきたときに「怪文書みたいなものじゃないか」と切り捨てようとしたのと同じです。つまり、「こんな質問をしつこくしてくるこの女性記者は、変なヤツだ」という印象を暗に植え付けてしまおうという狙いがあったのかもしれません。

ファクラー　なるほど。前文科省事務次官の前川喜平さんが安倍政権の加計疑惑に対して告発に立ち上がったとき、読売新聞での報道をもとに「前川は出会い系バーに通ういかがわしい人間」という印象を与えて自分たちを正当化させようとしたのと同じですね。

望月　そうです。政権に都合の悪いことを言う相手には、大手メディアを使ってでもそういうレッテルを貼って貶《おとし》めようとするんです。私が北朝鮮のミサイルについて、菅官房長官に質問したときも、私への偏見を植え付けようとするかのような言葉を返されました。

それは二〇一七年八月の二六日と二九日に北朝鮮がミサイルを発射[*2]したときのことです。普段、安倍首相は都内の私邸から公邸に通う生活で、公邸にはあまり宿泊していません。ところが、八月は二五日と二八日は公邸に泊まりました。どちらもその翌日に北朝鮮がミサイルを発射しているんです。二九日は早朝にJアラートが鳴り、国中が大騒ぎになりました。

私は首相の前泊が偶然だとは思えず、菅官房長官に「前夜のうちに知っていたんですか？

もしそうなら、なぜ前もって国民に知らせなかったんですか?」と聞きました。菅官房長官は「国民の安心、安全を守るために全力を尽くしている」と繰り返すだけでした。

それでもしつこく食い下がると、菅官房長官は目を吊《つ》り上げて「あなたは北朝鮮の肩を持つんですか!」と言ったんです。私は「北朝鮮を支持する」などとは、ひと言も言っていませんし、北朝鮮を擁護するつもりなどまったくありません。菅官房長官は私を北朝鮮寄りの記者だと印象付けようとしたのかもしれませんね。「望月は国家の敵だ」というレッテルを貼ろうという狙い。あの質問は、菅官房長官ににらまれる決定打のひとつだったかもしれません。

その後、しばらくして、あるときから菅官房長官の会見には奇妙なルールができました。私の質問は後回しにされて、質問数は二回までというふうになってしまいました。

ファクラー　なんとかして望月さんの厳しい質問から菅官房長官を守ろうという姑息《こそく》な手段に出たわけですね。

望月　私が質問を重ねることで会見の時間が伸びたり、報道室長が私の質問を遮ったりするようになってから、官邸側が記者クラブに「今後は時間制限を設ける」と言ってきたらしいんです。記者クラブ側は「それは困る」と押し返したようですが、「じゃあ時間制限を設けない代わりに何度も何度もひとりで質問をする部外者の望月記者には質問数の制限を与える」ということを番記者側に伝えたようです。部外者というのは、官邸の番記者でもなく政治部でもなく社会部の記者であるという意味です。

ファクラー　それだけ官邸にとって、望月さんの質問が怖かったということでしょう。追及の手を弱めるために質問制限をした。つまり、菅官房長官は望月さんから逃げているということですよね。

望月　ただ、私もだんだんわかってきたんですが、菅さんは菅さんで、何を質問されようと、もうそれ以上、言えないんですよね。うっかりしゃべったことが問題発言になったりしないように、秘書官や外務省サイドが用意したもの以外のことは絶対に言わないと決めている。特に外交問題でも対米や対北朝鮮に関しては、慎重すぎるぐらい慎重に話す。北朝鮮についての質問を受けると、「国連決議に違反しているような国ですから」としか言わない。

たとえば、米韓合同軍事演習で金正恩《キムジョンウン》委員長を狙った「斬首作戦」を二週間、徹底的にやっているというアメリカの報道がありました。夜間の爆撃飛行訓練なども盛んに行われているとアメリカでは報じられているわけです。当然、そういう情報が金正恩委員長にも伝わっています。自分の斬首作戦を軍事演習の中でやられるというのはたまったもんじゃないわけで、米韓に対し、軍事演習が始まる前から、北朝鮮側が「その演習内容を見直してくれ」と言っている。そういう報道がアメリカで出ていることをあげて、「安倍政権は圧力、圧力と繰り返すばかりだけれど、そういうことに対して、少しでも米韓側に慎重な対応を取るようにという働きかけはしてないんですか？　政府として北朝鮮との対話も進めようという考えはないんですか？」という趣旨の質問をしたときにも菅官房長官は「あんな国連決議に違反している国ですよ」としか言わない。

それじゃあと思って、別のときに「北朝鮮は国連決議違反だと何度もおっしゃいますが、今回のトランプ大統領のエルサレム首都移転発言だって、一九八〇年の国連安保理決議で『首都移転は無効だ』と出ているのだから、国連決議に違反してるんじゃないんですか？」というふうに質問を投げても、最初に用意された紙を見て、それを何度も読み返すだけなんです。それ以外、一切言わない。各国がトランプ発言に反発していようがなんだろうが、安倍政権としては対米批判は決してしない。その路線にそって、菅官房長官も公式コメントしかしない。それ以外のことをうっかり言って、アメリカの機嫌を損なうようなことなど絶対にないように、秘書官が用意した文書を読み続けているんだと思います。

その点、ホワイトハウスの報道官の記者会見だったら、もうちょっと臨機応変な言葉を発しますよね。それ以上にトランプ大統領なら、記者会見の前にだれかが用意したペーパーなんか目もくれず、言いたいことをツイッターで呟いちゃう。むしろ、あえて挑発的に問題発言をしているようなところがありますよね。

中国さながらの官邸の記者会見

ファクラー　トランプ大統領の会見は、何を言い出すかわからないところが新しいというか、面白いというか、目が離せませんね。メディア・バッシングを激しくやる反面、取材している側にとっても、すごく刺激的で面白い。ホワイトハウス内部の人ですら「この大統領はまた何か変なことを言い出すんじゃないか」と結構、ピリピリしているので、記者にとっても「今日は何を言うんだろう」と楽しみにして会見に来ているところもあるんです。

望月　トランプ大統領は、もし計算して、あんなトンデモ発言をしているんだとしたらすごいですよね。世界が注目している中で、あえて相手を敵に回すようなことを言って、あとでまた持ち上げてみたりとか。各国の首脳に対してもそうだし、アメリカのメディアに対しても、どこまで本気で、どこからパフォーマンスなのかがわかりませんよね。

ファクラー　トランプ政権は、いまのところは、敵対関係が表面化して注目されている部分は、ほとんどパフォーマンスみたいなものですよね。本気で敵対する気があるのかどうか、わからないですよ。パフォーマンスをしながら内外の反応を見て、また変えていくという感じでしょう。よく「トランプのビジネスは昔からそういうやり方だった」と言われますけど、おそらく思想信条より損得勘定を優先させる場面がこれからいろいろ出てくるでしょうね。

既存の主要メディアに対しても、完全に敵対してアクセスがまったくないわけではないですからね。トランプ大統領はニューヨーク・タイムズをずっと批判しているけれど、何度もインタビューに応じているし、割と話したがる。あの人は、実は結構、取材に応じるんです。「フェイク・ニュースだ」と言いながらその相手からの電話をとるんですよ。ちゃんと取材を受けたりもしてる。だから、本当に彼の言動はだれにもよくわからないんです。パフォーマンス的な面が大きいことだけはたしかですけどね。

望月　アメリカの主要メディアを完全に敵に回しても得なことはないと思っているんでしょうね。ああ言いながらも。

ファクラー　そうだと思います。不思議なことに、政権に批判的なメディアだと言われているニューヨーク・タイムズは、いま逆にトランプに対して穏健派に見えているんですよね。もっとトランプ政権に対して厳しく批判しているところがたくさんあるから、ニューヨーク・タイムズは政権から遠かったはずなのに、相対的に真ん中ぐらいの位置に来ちゃってる。そういう不思議な位置関係になっているんですよ。世の中は面白いものです。

そういうトランプ政権の不思議な面白さはアンチトランプの人たちもみんな少しずつ感じていて、それを結構、面白がって見ているところがあるんです。たとえば、前の報道官だったショーン・スパイサーさんも攻撃的で面白い会見をする人でした。すごく憎たらしくメディア攻撃をする姿が「サタデー・ナイト・ライブ」というコメディー番組でパロディにもなったぐらい面白かった。その番組は政治を風刺するコメディーが人気があって、トランプ大統領の役を演じているアレック・ボールドウィンという役者がまた面白いんです。トランプ大統領の特徴をよくつかんでいて、みんな大笑いしながら見ていますよ。

望月　それはトランプ大統領もショーン・スパイサーさんも、その場でアドリブ的に刺激的なコメントや目を引くような言葉をバンバン繰り出す人だから、面白いパロディも成立するんですよね。菅官房長官のように役人や秘書官が書いたものを読んでいるだけではパロディをやってもあまり面白くないですもんね。

ファクラー　中国の高官の会見が、まさに菅官房長官と同じスタイルです。用意された文書をひたすら読み上げるだけ。そのあと、質問するのは、当局に都合のいい報道だけをする「政府の広報」のような記者です。

さらにそのあとで、私たちがちょっと別の角度から質問しても、かならず「いや、それはさっき明確に言いましたが」と言ってから、もう一度、ペーパーに書いてあることを読むんです。日米中で比較すると、やっぱり中国当局のそういう姿勢は際立っていますよ。何か当局の意にそわないようなことを書くと、かならず圧力をかけてきますからね。我々海外のジャーナリストが当局にとって都合の悪いような取材をしようとすると、あとで、中国の政府の役人に批判されたりします。

中国では二〇〇八年までは、北京《ペキン》と天津《てんしん》、上海《シャンハイ》のエリアで取材する場合、一応、法律のうえでは「自由」でした。実際には、警察に邪魔されたりすることも多かったですけどね。しかし、この三つの都市を出て、違う場所で取材するには、政府からの許可が必要でした。あるとき、私はその許可を取らずに行ったことがありました。申請したところで、どうせ許可が下りないだろうし、許可なしでも行かないと仕事にならないからです。結局、タクシーに乗って移動しながら、「ここは警察がいるから」というところを通るときだけは身を隠したり、まるでスパイ映画みたいな感じでした。

日本はそういうことはないけれど、外務省というところは海外のジャーナリストに対して、結構面倒くさいことを言ってきますね。たとえば、二〇〇九年に私がニューヨーク・タイムズの支局長になったとき、官邸に挨拶に行って国際報道官に面会したんですよ。そうしたら、「あなたの前任の支局長が政府を批判した記事は非常に的外れで遺憾でした。ファクラーさんは、新任の支局長として、前任者の記事を否定して謝罪文を掲載してください。そうすれば今後、官邸の取材をしてもいいです」と言うんです。

その人も外務省の官僚でしたが、すごく高圧的でした。私はもちろん従うわけにはいきません。「以前、中国であなたがいま言ったことと同じことを言われたことがありますが、日本は中国と同じだということですか?」と言ったら「いやいや、日本は中国とは違いますから報道の自由はあります」と口では言っていました。でも、私は日本政府には批判的で非協力的な記者だと見られたんでしょうね。官邸での取材を依頼しても、許可されることがほとんどありませんでした。

私が官邸に入れるのは、たとえばアメリカの政府高官が来日して取材するときとか、知り合いの日本の政治家や官僚に声をかけられたようなときです。そういうことはありますがニューヨーク・タイムズが官邸の記者クラブに入っていないので、記者クラブの人たちに来る案内のようなものはまったく届かなかったです。

第二次安倍政権になって、安倍首相の知り合いを通じて取材を申し込んだらＯＫが出たんですが、その後、やっぱりまた外務省出身の国際報道を担当している人が、「ニューヨーク・タイムズの取材はダメ」ということで結局、取材できなくなったということが二回ほどありました。外務省は「ニューヨーク・タイムズは政府に批判的なメディアだ」というレッテルを貼っていたんだと思います。

結局、政権に協力的なメディアにはアクセス・チャンネルを与えるけれど、そうではないメディアのアクセスは切るというアメとムチの手口ですよ。ただニューヨーク・タイムズなどの海外メディアの多くは、日本政府からアクセスを切られても大きな問題はありません。個別に取材ができる場合もあるし、ある程度のパイプはあります。もともと私たちは取材するときに日本政府へのアクセスに頼っていないですからね。

実はトランプ大統領になってからは、それと同じように私たちはアクセス・ジャーナリズムの方法だけに頼っていないのです。トランプ大統領からは敵と見なされていますから、私たちは調査報道に力を注いでいくしかないんです。

望月攻撃で炎上するメディア

望月　アメリカのブライトバートは、トランプ政権の御用メディアとして有名ですが、最近、もしかしたら産経新聞は「日本のブライトバート」になりつつあるんじゃないかと思います。安倍政権寄りの報道を続け、官邸の会見でも、かならず慰安婦問題で韓国を批判して、中国の動きについて過敏な反応をして問題視しています。新聞として独自な個性を持っているのは、ある意味、明確で評価できるんですが、メディアとしてちょっとどうかという面もあります。

たとえば、産経新聞は夕刊をやめて、そのぶんネット戦略に力を入れています。具体的には、ネット右翼に受けるようなことをじゃんじゃん書いて、アクセスを稼ごうという手法です。私に関することで言えば、「官房長官の記者会見が荒れている！　東京新聞社会部の望月記者が繰り出す野党議員のような質問」というふうに批判記事を書いて、そこに賛同する人たちのアクセスが集中していくわけです。

ある人に教えてもらったのですが、私が菅官房長官の会見に出るようになってから産経のWebサイトには「望月記者、またトンデモ質問で菅官房長官の逆鱗《げきりん》に触れる！」というような記事が半年の間に三〇本アップされているそうです。

これは、書いた記者側が「望月は会見を荒らして記者としてけしからん」と思って書いているのではなく、単純に「こういうことを書くとネット右翼が喜んでアクセスを稼げるから」ということのようです。

実は、私がかつて地方支局にいたときに、現場でよく一緒になって仲のよかった産経の記者が、この件について謝罪のメールを送ってきたことがあります。「申し訳ないことをしているけど、アクセスがすごくいいからやめられないみたいだ」というわけです。まあ向こうもビジネスなのかと思うと、そんなに目くじら立ててもしょうがないかなと思ったりしましたけど。

ネット時代の新聞のあり方についての話で言うと、産経のこういう手法もひとつの形なのかもしれません。ネット右翼相手のビジネスに特化して、もうそれ一本で生き残ろうというマーケティング戦略にも見えます。私に対する攻撃的な記事もそのひとつでしょう。

だから、たとえば「望月記者の質問に『それは金正恩委員長に聞いてきたら？』と菅官房長官の神対応」などというバカげた記事がどこかに出ていると聞かされても気にしないようにしたというか、あるときからそういうのはもう見ないで無視するようにしたんです。

ところが、あるとき、ちょっと無視できないことが起きました。私に対する脅迫電話が来たんです。会社からは官邸に取材に行くのは止められませんでしたが、個別のメディアに顔を出したり、講演会でしゃべるような活動は当面、身の危険があるので見合わせるように言われた時期がありました。

ファクラー　それは困りますよね。元朝日新聞記者の植村隆さんが従軍慰安婦の問題で叩かれたときも、ずいぶんひどい脅迫メールが来たと言っていましたね。娘さんの身の危険を感じるような脅迫電話がかかってきて、パトカーがしばらく植村さんの家の周りを張っていたようですから。

望月　植村さんの場合も産経の記事が起点になって、ワーッと拡散して袋叩き状態に発展してしまったようでした。脅迫電話までいくと、これは言論弾圧ですし、犯罪です。ネット右翼のそういう行為に加担するかのような報道は、果たしてジャーナリズムのあるべき姿なのか。日本のブライトバート・ニュースならそれもひとつの報道だとは思いますが、どんなに主義主張が相容れない相手であっても、お互いの存在を認め、事実に基づく報道の自由を尊重し合うという基本を忘れては困ります。

ファクラー　ブライトバート・ニュースについて言うと、どこが面白いかと言えば、既存のメディアの報道そのものをターゲットにしているところです。主要なメディアの報道姿勢や記者の取材について批判したり揶揄《やゆ》したりするのです。

既存の主流メディアというのはブランド力もあり、ひとつの権威でもありますから、それをこっぴどく批判するのを喜んで見ている人たちが結構いるわけです。トランプ大統領を持ち上げるだけでなく、トランプ大統領が目の敵にしているメディアをバッシングするところがトランプ支持派に受けているわけです。

そこには、やっぱりとんでもない記事もあって、ホワイトハウスの取材をしている特定の記者の名前をあげて、「こんなリベラル派の偏った記事はアメリカの敵だ。彼はきっと闇の社会主義者だ」とか「この記事はリベラル左派の陰謀によるものだ」と非難したりしている。

日本の新聞は横並びでどこも似たり寄ったりだったのが、産経新聞のように個性的な新聞がいまのネット時代に合っているということでしょう。政治的な思想や主義主張は別として、産経新聞というところは日本の新聞社としては異質で、かなり面白いところだなという印象は以前から持っていました。

たとえば、他の新聞社に比べて途中採用も多いし、海外に派遣されている記者も異色の人が多い。かつての中国の特派員で北京支局長も務めた古森義久さんは日本人記者同士で群れるのが大嫌いな人でした。だいたいどこでも日本人記者は海外の記者会見ではまとまって座っているんです。中国外交部の記者会見でも、日本人で固まって日中関係の質問ばかりしているんです。

ところが、古森さんはそういうところに入るのが嫌で欧米の記者たちの中に混じって、あえて英語で質問していました。彼の書いた記事も、日本の他の新聞と違っていました。独自の視点があって、中国に対して批判的な記事を書くときなどもその視点は鋭かったです。

「I」を使って記者の存在感を出す

ファクラー アメリカでソーシャル・メディアが台頭して新聞の存在が問い直されて変わったことのひとつは、署名原稿で「I」を主語にするようになったことです。ニューヨーク・タイムズでは、記者が「私は」という主語で書くようになりました。それまでは、客観性を大切にするために「私は」という主観的な視点で書くのはいけないと言われていました。記者の存在は見えないように書く。まるで神様のように姿が見えない人が書いているかのように書くのです。それが「私はこう見た」と書くスタイルに変わったのです。

これは、ネット時代になって、取材過程そのものが読者に見られるようになって、よくも悪くも記者個人が注目されるようになったために、だれがどういう記事をどういうスタンスで書いているかを読者に対して文責を明らかにするためです。望月さんも言っていたように、記者そのものが読者にチェックされているから、それにちゃんと答えるという意味で「私の記事です」と書くのです。

そうなると、ただ署名原稿を書くだけでなく、「私はどこで何をどう見て、どう感じて、どう書いているか」ということを全部、見せたほうが信頼性が高いんじゃないか。そういう時代の新聞ジャーナリズムのストーリーの伝え方として「私」という視点を表に出したほうがいいという考え方です。

正直に言うと、はじめは私も「I」という一人称で記事を書くことには違和感を覚えました。長年の習性が邪魔をするんです。でも、いざ「I」で書き始めてみると、意外なことに自分自身が楽になれました。自分が取材して見聞きしたことを読者に伝えるときに、「私はどこで何をどう見たか」をそのまま率直に書いたほうが、すごくわかりやすい場合があるのです。

たとえば、震災後の福島第一原発の事故の様子を取材したとき、私は東電の職員に同行して第五号機の原子炉の下に入りました。私はその状況を伝えるために“Mr. Hirose then led me underneath the reactor…”などという書き方をしました。逆にそうしないと、私がどういう状況で原子炉を見ているかが読者に説明しづらい。私は原子炉の下に入って、真上を見上げて原子炉の状態を見ているのです。それには「I」や「me」で書いたほうが実は書きやすいんです。

「ああ、そうか、自分が取材したということを私の目線で伝えてもいいんだ。逆に、それを伝えたほうが読者は信頼してくれるはずだ」と気づきました。やっぱり、これが、人間が記事を書いているということですよね。神様のような見えない存在が書いたんじゃなくて、普通の人間が書いているんです。だから、もはや記者は自分の存在を見せてもいいというだけではなくて、見せたほうがいいという時代になったと思います。

望月　記事そのものだけでなく記者個人が取材の姿勢やプロセスを見せることで、信頼を得て評価を受けるんですね。ネット時代の新聞は記者が個人攻撃を受けてしまうこともある反面、「福島原発は、いま私の目の前で、こういう状況にある」という、すごくいい取材をしている記者は支持される。

ファクラー　ちゃんと取材して、自分の取材にも記事にも自信を持っている記者であれば、それをきちんと読者に見せるべきだと思います。

望月　アメリカの新聞は、すべて署名記事なんですか？

ファクラー　基本的にはそうですね。例外もあるけれど、記者が名前を出して自分のブランドに責任を持つ。新聞社のブランドもあるけれど、記者のブランドも読者の信頼性を高める要因としてあるわけです。その記者の能力や個性が読者に支持されるかどうかが大事なポイントになってきています。

日本の新聞は文体が統一されていますよね。記者もデスクも「新聞の記事とはこういうスタイルで書くもの」という強い共通認識があって、記者が書いた記事を場合によってはデスクが書き直して統一感を強くするということがあると思いますが、アメリカの大手新聞では記者の個性が尊重されています。

だから、ニューヨーク・タイムズなどを読んでいる人は、署名を見なくても「あ、これはあの人が書いた記事だな」というのがだいたいわかります。記者それぞれのカラーがあるからです。

望月　ニューヨーク・タイムズでは、デスクが記事を直したりしないんですか？

ファクラー　もちろん、まちがいがあれば直しますよ。記事に問題があるときは直すように指示します。それから、「ここはちょっと弱いんじゃないか？」と書き直しを求めることはあります。でも基本的には記者のカラーを出すことは認めています。

記者の中には有名な人もいるし、人気ジャーナリストとしての自分の商品価値を非常に気にしている人もいます。そういう人は、記事を直されたりすると反発したりしますね。そうなってくると、やっぱり「I」で書いた署名記事を記者が責任を持って書いて、高い評価も受ければ批判もされるという形がわかりやすいかもしれません。新聞社としての指針やスタンスはもちろんあるけれど、記者一人ひとりが「I」の記事を書くことも認められる。それをどう評価するかは読者次第。そういうふうになってきたと思います。

それが成立する理由としては、ニューヨーク・タイムズでは、ベテランの記者を雇い入れることが多いからです。新卒で記者を採用するということはあまりない。経験を積んで実力のある記者を雇っているから「これが私のスタイルです。これが私の取材であり記事です」というプロ意識とプライドがある人の集まりになっているという一面がありますね。

＊1　ご意向文書
二〇一七年五月に報道された、安倍首相の知人が理事長を務める加計学園が国家戦略特区に獣医学部を新設する計画について、内閣府から文部科学省に対して「官邸の最高レベルが言っている」「総理のご意向だと聞いている」という示唆があったことを記録した文書。政府側は認めなかったが、前川喜平前文科省事務次官が「在籍中に共有していた文書で確実に存在していた」と告発した。

＊2　北朝鮮のミサイル発射
二〇一七年八月一〇日、北朝鮮は「米領グアム周辺に火星12を着弾させる作戦計画を検討し八月中旬までに最終完成させる。島根県、広島県、高知県上空を通過させる」と予告。八月二六日に日本海に向け弾道ミサイル発射実験。八月二九日、再び発射。ミサイルは北海道上空を通過、太平洋上に落下した。九月一五日にも発射が行われた。

第四章　〝闘う本性〟を持つアメリカのメディア

イメージとは違うオバマ政権の強硬なメディア弾圧

ファクラー　トランプ大統領がアメリカの主要メディアを敵視して過激なことを言っているからといって、彼がメディアを弾圧しているかと言えば、実はそんなことはありません。トランプ大統領は「アルト・ライト」と呼ばれる、日本で言えばネット右翼的な人たちが喜びそうなナショナリズムを唱えて、そういう層の支持を広げようとしています。

一方、トランプ大統領はリベラル系メディアに攻撃的な言葉を投げつけますが、じゃあ、そういう相手に法的手段で摘発するようなことをしているかと言えば、まだいままでに一度もやっていないんです。

実は、メディアへの弾圧ということで言えば、オバマ政権のほうが、トランプ政権よりもずっと強硬な手段を取っていました。オバマ政権は、言葉はきれいでイメージはよかったですよね。"change"とか"Yes We Can"とか、響きのいい言葉を打ち出すのはうまいけれど、実はあの政権ほど、記者や取材相手を摘発した政権は史上かつてありません。

具体的に言うと、第一次世界大戦のとき、一九一七年に「エスピオナージ・アクト（Espionage

Act)」という防諜《ぼうちょう》法ができましたが、この摘発において、オバマ政権は、きわめて異例でした。この法律は日本で言えば特定秘密保護法*1のようなもので、記者と取材先を摘発できる法的な根拠となるものです。

一九一七年から二〇〇八年、つまり、発令されてからオバマ政権ができるまでの九〇年間で摘発された人は、私の調べによれば三人だけです。それがオバマ政権の八年の間だけで、たしか八人います。この内訳を見ると、記者よりも取材先、要は記者に情報をリークした内部告発者が多いのです。オバマ政権は、政権内部の人間によるメディアへのリークを非常に警戒していて、常に内部告発者探しに目を光らせていたんです。

望月　なぜオバマ政権は、そうする必要があったんですか？　リベラルで穏健なイメージのあるオバマ大統領が、そういう強硬手段に出た背景には何があったんですか？

ファクラー　ネット時代の高度情報システムの中で、政府の機密情報が漏れる大きな事件が起こるようになったからです。だから時代的な問題とも言えますが、マスメディアへの強硬姿勢についてはブッシュ政権と変わりませんでした。オバマ政権は、他の政策はリベラルでも、国家機密の問題についてはブッシュ政権よりも強硬だったと言ってもいいくらいですね。

内部告発による機密漏洩事件が発生して、オバマ政権は異常なまでに神経質になっていきました。具体的な事件としては、二〇一〇年に米軍の諜報員《ちょうほういん》だったブラッドリー・マニングがウィキリークス[*2]に国防総省内部の機密情報をリークしたこと。二〇一三年にNSA（アメリカ国家安全保障局）とCIA（中央情報局）の職員だったエドワード・スノーデン[*3]が機密文書を記者にリークしたことです。

　こういう大事件が、アメリカ政府に非常に大きなショックを与え、警戒感を強めたのです。情報通信の技術が高度になって、国家機密が漏洩する危険性がすごく高くなったと同時に、国家としてはその技術によって、世界中の個人情報を監視できるようになっていった。そういう時代になって、かつてのような政権とメディアの暗黙の合意のようなものが崩壊して、オバマ政権としては監視や摘発を強化するほうに向かっていったのです。

望月　ウィキリークスとスノーデンの事件はふたつとも世界中が大きな衝撃を受けましたね。アメリカだけでなく、海外の政権やメディアにも激震が走りました。まず、ウィキリークスを見て驚いたのは、元ハッカーの高度な情報通信技術をもってすれば、政府の最重要機密を匿名で告発するサイトを作れてしまうということです。

　もはや各国政府は、そういう見えない敵の存在を無視できない時代になりました。アメリカ政府の外交公文書やイラク戦争での米軍の活動内容などマスメディアには絶対出なかったものが出てしまう。これは、「ネット時代の報道の自由を守る新しいメディア」とも言えるけれど、「情報が本物かどうか十分な検証ができない」という面もあります。だから、新聞としては、そこに出てきた情報を起点に調査報道をして、事実に迫るということが必要になってきます。

スノーデン事件は、本にもなったし映画にもなったから、日本でも有名になりましたが、NSAが、あらゆる人の個人情報を収集し監視するためのシステムを作り上げようとしているというとんでもない事実が明かされました。電話での通話やメール、ネットなど、世界中のあらゆる通信経路を通過する情報のすべてをNSAが掌握しようとしている。そういう社会に私たちはいるんだということを突き付けられました。日本では、スノーデンの告発による警告をアメリカの話のように思っている人が多いけれど、実は他人事ではありません。

オリバー・ストーン監督の映画「スノーデン」にはアメリカの機関によって「マルウェア」という悪意のあるソフトが日本のインフラに仕込まれているという、日本の横田基地に駐在していた彼による情報が出ています。これは日本中に張り巡らされているインフラを含むコンピュータシステムを、すべて止めてしまう恐れのある非常に危険性の高いソフトです。それでも日本政府は、この件をアメリカ政府に確認している気配がどこにもありませんでした。

ファクラー　怖くて聞けないのかもしれませんね。「確証もない情報でアメリカに突っ込むわけにはいかない」という忖度でしょう。あるいは、非公式に問い合わせしていたとしても「そんなものはない」と言われて、「そうですよねえ。あるわけないですよねえ」と引き下がったのかもしれないし。

望月　オバマ政権が、そうやってメディアと政府内部からの告発者を厳しく監視したり、スノーデンが暴露したＮＳＡの監視システムを強化したりしたことについて、トランプ大統領はどう評価しているんですか？　引き続きやろうとしているのか、それともストップしているのか。

ファクラー　これは笑い話として言われていることですが、「トランプ大統領には、あの洗練された監視システムを使いこなす能力があるかどうか疑問だ」と見ている人も多い。ただ、現実的には、この一年の間は、そういう内部告発者の摘発やジャーナリストへの弾圧は行われていません。この先はまだわかりませんけど、いまのところオバマ政権のときのような逮捕者は出ていません。

スノーデン事件につながる衝撃的な出来事

ファクラー　アメリカでは、スノーデン事件が起きる七年ほど前に、実はそれよりもっと衝撃的な出来事がありました。ブッシュ政権時代の二〇〇六年にジェームズ・ライゼンというニューヨーク・タイムズの記者が、「ブッシュ政権が組織をあげて大規模な盗聴と個人情報の監視を行っている」という大スクープをつかみ、それをめぐって政権と新聞社が真っ向からぶつかったのです。これは、あのスノーデンの告発にも大きな影響を与えています。

ライゼンさんのジャーナリストとしての旺盛な正義感と追及力による報道には、権力と新聞の関係を考えるうえで、きわめて重要で示唆に富んだ内容が詰まっているので、ぜひ紹介したいと思います。

望月　ライゼンさんは、そのスクープによって、記者の最高の栄誉であるピューリッツァー賞を授与されていますよね。その功績はアメリカではとても有名だと思いますが、日本ではまだ知らない人が多いかもしれませんね。ライゼンさんは、いまもニューヨーク・タイムズにいらっしゃるんですか?

ファクラー　実は去年、退社したんです。それを契機に、ライゼンさんは、あのスクープの取材をして記事を掲載するに至る一連の経験を通じて、改めて政治と新聞について考察した文章を発表したんです。それが非常に興味深い内容なので、ここで少し解説したいと思います。

調査報道を得意とする敏腕記者のライゼンさんは、このスクープ以前にも、国家の中枢に起きている問題について、何度も特ダネをつかんで記事にしてきました。特に国家の安全保障問題、CIAやNSAなどの国家機密に関する問題では、彼の右に出る記者はいないと言ってもいいくらいです。ホワイトハウスの高官たちも、その鋭い調査力や豊富な専門知識には一目置いているほどでした。

ライゼンさんがピューリッツァー賞をとったのは「ブッシュ政権による個人情報の監視」というスクープでしたが、実は、この調査によってライゼンさんが事実をつかんでから実際に新聞に記事を載せるまで一年という長い月日がたっていました。それはニューヨーク・タイムズ&ライゼンとブッシュ政権の間に起きた激しい葛藤の日々だったのです。

ライゼンさんは二〇年以上、ホワイトハウスで大統領以下、政府高官の取材にあたってきたベテラン記者です。その取材を続ける場合、ライゼンさんの真骨頂である調査報道だけでなく、政府高官からの情報提供を得るアクセス・ジャーナリズムも必要です。そこには、政権側とメディア側の間で長年築かれてきた合意事項や暗黙のルールといったものがあります。それは、報道の自由と国民の知る権利を守りながら、時に国益のために協力するという「緊張感のある信頼関係」とも言うべきものです。

ところが、その信頼関係が崩れ、政府とメディアの関係を大きく変える事件が起きました。二〇〇一年九月一一日の同時多発テロ事件です。[*4]この日を境に「政府側のメディア対応」と「メディア側の取材姿勢」が変化していったのです。

それ以前の政府とメディアの暗黙の了解のひとつには、記者が政府高官から内々に得た情報をもとに特ダネを書こうとしたとき、政府側から「それを記事にすると国益を損なうことになるから書かないでほしい」という申し入れがあった場合、高度な判断で掲載を見合わせるということがあります。そこには法的強制力はないんですが、アメリカのためにメディアも協力しようというわけです。

たとえば、9・11の直前に反タリバン派[*5]のリーダーだった北部同盟の司令官で、アフマド・シャー・マスードという人が殺される事件がありました。これに関してライゼンさんは、すでに九〇年代後半の時点で、アフガニスタンの現地取材で特大のスクープをつかんでいました。CIAがマスードの活動をずっと支援していたという事実をつかんでいたのです。CIAは9・11が起きる前から、すでにオサマ・ビン・ラディンの追跡を始めており、その協力者としてマスードに期待していたのです。ライゼンさんの超特ダネです。

ところが、ライゼンさんのところにCIAのテネット長官本人から「記事を載せないでほしい」という電話がかかってきました。「そんな記事が出たらアフガニスタンの親米の人たちが殺される危険があるから書かないでくれ」というわけです。ライゼンさんは長官の説明に納得し、記事掲載は見合わせることにしました。

こういう政府とメディアの暗黙の合意というのは、昔からあったことです。メディアだって、自分のスクープのためなら人が死んでもいいと思っているはずもありませんからね。人命のためには政府に協力して記事を出さないこともあるのです。ところが、9・11以降、ブッシュ政権には、政権とメディアの信頼関係を壊す問題がふたつ起きました。

ひとつは、記事を載せないでほしいという依頼が爆発的に増えたことです。「これは命の危険がある」「テロリストを利する」「米軍に不利益になる」と言いながら、やたらに「書かないで」と言ってくるようになったのです。

たとえば、ライゼンさんが「CIAがタイに秘密の刑務所を作っていた」という特ダネをつかんだときには、チェイニー副大統領から「書かないでほしい」と依頼がありました。副大統領から「国益のためにお願いします」とまで言われたら、記事は断念せざるを得なかったのです。

もうひとつの問題は、ブッシュ政権が記者に対してウソを言うようになったことです。ウソの情報を流して政府に都合のいい記事を書かせようとしたり、ウソの理由をつけて「これは書かないでくれ」と頼むようになったのです。これでは、お互いの信頼関係は崩れ、暗黙のルールも成立しません。

そして、ライゼンさんとニューヨーク・タイムズが、いよいよブッシュ政権にとって手痛いスクープを載せるに至る決定的な出来事が起きました。ライゼンさんは、こんな特ダネをつかみました。「NSAが裁判所の許可なしで一般人の電話を盗聴したりEメールを読んだりしている」。NSAやCIAが捜査上、盗聴やメールなどの個人情報を監視する必要があるときには裁判所から法的な許可を得ることが必要です。その許可も得ずに個人情報監視をするというのは、これは完全に違法行為です。

ブッシュ政権VSニューヨーク・タイムズの熾烈《しれつ》な闘い

ファクラー　NSAやCIAは秘密作戦などによく名前をつけるんですが、この大掛かりな盗聴・メール監視にNSAは「ステラウィンド」というプログラム名をつけて行っていることをライゼンさんはつかんだのです。

さあ、その記事を書いて掲載しようとしたとき、ブッシュ政権のコンドリーザ・ライス大統領補佐官から「載せないでほしい」という依頼が来ました。「この記事が出たら、米国人が殺されることになる。NSAがこの情報を得ることによって、たくさんの人の命が守られている。そういう捜査のためにだけ監視しているのであって、捜査と無関係の一般人は対象にしていない」というわけです。

「ステラウィンド」が行われていることは事実に違いないが、果たしてこの大スクープを載せるべきか、政府の説明を聞き入れて掲載を見送るべきか。ニューヨーク・タイムズ内で激しい議論になりました。結局、いますぐの掲載は見合わせ、ライゼンさんは引き続き調査をしていくということになりました。

しばらく取材を続けていくと、ライゼンさんは、NSAがますますこの「ステラウィンド」の監視体制を強め、裁判所にも知らせず盗聴の領域を広げていることは事実だと確信しました。ライゼンさんは、今度こそ記事を出すということをホワイトハウスに伝えました。すると、今度はホワイトハウスの高官が、ライゼンさんではなくて、ワシントン支局の支局長に誘いをかけて、秘密のブリーフィング、日本でいうオフレコ懇談のようなアクセスを増やそうとしてきました。アメとムチのアメを増やして、いろんな情報をニューヨーク・タイムズにあげるから、その代わりに「ステラウィンド」のことは記事にしないでほしいというわけです。つまり、取引をしようとしたんです。

ブッシュ政権側は、そういう内々のブリーフィングで「NSAは違法な盗聴はしていないし、Eメールをチェックしたりしていない」と言い張っていましたが、もはやそれがウソだということをライゼンさんは完全につかんでいました。NSAがビッグ・データを掌握して監視するシステムは確実に機能しているという決定的な証拠を押さえていたんです。それでもウソをつき通そうとするブッシュ政権をもはや信用することなどできません。

ついにニューヨーク・タイムズは政府側に「記事を掲載する」という最終通告をすると、最後にはブッシュ大統領本人がニューヨーク・タイムズのトップをホワイトハウスに呼んで、記事の差し止めを頼みました。しかし、今度こそそれを突っぱねて大きく報道したのです。政権側の度重なるウソと記事差し止め要求によって、ブッシュ政権とメディアの信頼関係は崩れてしまっていたのだから、正義はどちらにあるか明らかなことです。

望月　時の大統領の圧力にも絶対に屈しないという真のジャーナリズム魂を発揮したわけです

ね。いま聞いていて、ライゼンさんの正義の叫びと怒りの声が聞こえてくるようでした。それで、その記事が大きく載った後、ブッシュ政権側はどうしましたか？　そのスクープによってアメリカ中が大騒ぎになったわけだから、政権としては何か対抗策をとってきたりしたんですか？

ファクラー　結局、これが、9・11以降、政権とメディアの悪化していた関係がますますひどくなるきっかけになりました。メディア側は、政権に都合よく利用されることに強い警戒感を持ったし、政権側もメディアに対する強硬な態度をとるようになった。お互いの信頼関係や協力関係とは正反対の敵対関係になってしまったんです。

ライゼンさんは、こう書いています。「結局、この事実をつかんでから一年間も記事を載せなかったことでニューヨーク・タイムズは損をした」と。ライゼンさんは、あのとき一年たって初めてあの記事を書いたときに「事実を知ってから一年もの間、記事にするかどうか、ずっと悩んできた。記事を止めようとする政府との激しいやりとりの中で葛藤があった」ということをちゃんと書いているんです。

つまり、新聞というのは、事実をつかんでも書かない場合があるということを国民に知らしめる結果になったのです。読者は「そうか。新聞は政府に頼まれれば、政府に不利な情報は出さないことがあるんだ」と思われるようになった。実は、これがスノーデンさんが内部告発をするときに、新聞社ではなくグレン・グリーンウォルド[*6]というネット通信の記者を選んだ大きな理由となったのです。

望月　そこにつながっていたわけですね。スノーデンさんにすれば、新聞にリークしても書いてもらえなかったら困るというか、逆に新聞が政権にスノーデンさんのことを密告したらスノーデンさんの命が危なくなりますよね。

ファクラー　そういうことです。ここで重要なポイントは、内部告発者を守るのがジャーナリズムの使命であるということ。そして、ライゼンさんの記事やスノーデン事件によって、政権側は内部告発者に対する追及を強化して、その処罰を厳重にするようになりました。同時にメディアやジャーナリスト個人に対する盗聴や情報監視も行われるようになりました。

それともうひとつ、ライゼンさんは、「あのスクープはニューヨーク・タイムズを『政府を追及する英雄』にしたのではなく、むしろ信用を落とすことにもなった。さらには、あのスクープをきっかけに、政権側はメディアとのアクセスを断って監視する方向に行ったし、我々メディアは政府に対して非常にドライになって敵視するようになった。ワシントンを取材するための手段は完全に変わった」と書いています。

つまり、望月さんが言った「政権側の対抗策」としては、内部告発者を絶対に許さないという強硬姿勢を示すことと、メディアや密告者への監視を強化するためにビッグ・データを駆使して盗聴や個人情報の掌握をさらに進めたということです。以前は、政府高官からのリークがあっても、摘発されたり処罰されたりすることはありませんでした。なぜなら、政権とメディアの信頼関係と暗黙のルールが成立していたころは「書かないでくれ」と言えば書かないという協力関係があったからです。

望月　ライゼンさんのスクープのときも内部告発者の摘発はあったんですか?

ファクラー　逮捕者が出ました。その経緯はこうです。ブッシュ政権は、ライゼンさんの情報源を血眼になって探しました。それはオバマ政権になってからも引き継がれて、内部告発者探しに執念を燃やしたんです。

その追及はライゼンさんの身にも及んで裁判にまでなりました。しかし、ジャーナリストの良心として、ライゼンさんは絶対に情報源を明かしませんでした。取材メモやテープ、携帯電話やメールの類を提出するように求められても、頑として応じませんでした。

ところが、その後、元CIA職員のジェフリー・スターリングが逮捕されました。これこそNSAがビッグ・データから割り出したものです。ライゼンさんがいつだれと電話をしているかを洗い出して、元CIA職員や政府関係者で情報を知り得る人を特定して逮捕していったんです。

望月　オバマ政権は、そういうことを一生懸命にやっていたんですね。記者の情報通信や個人情報が丸裸にされているということですよね。

ファクラー　それについては、恐ろしい笑い話があって、あのスクープのあと、ライゼンさんは当然のようにNSAやCIAにマークされるようになりました。あるとき、ライゼンさんがFBI（連邦捜査局）の情報提供者と電話で話したあとに、その情報をもとに取材を進めようと思って、まず、ある人物についてグーグルで検索をしたんです。すると、その数分後に、さっきのFBIの人から電話がかかってきて、こう言ったそうです。「その人物をグーグルで検索するのはやめなさい」。

望月　怖いなあ。恐ろしくて笑えないですよ、それは。記者個人のパソコンの中まで覗《のぞ》かれちゃってるわけでしょ。

ファクラー　どこまで入り込んでいるかは、はっきりわからないけれど、IPアドレスがわかれば、遠隔操作で個人のコンピュータを監視できますよね。もし望月さんのIPアドレスが特定できれば、遠くからでも「この人はいまこれを検索しているぞ」というのは全部見えるようになっている。ただ、政府が実際にそこまで見ているかどうかはわからない。ライゼンさんの場合はＦＢＩの人がそれをつかんでいたんでしょうね。

安保法制と秘密保護法の本当の狙い

望月　安倍政権は二〇一三年に非常に手荒な手続きで特定秘密保護法を通して以降、どんどん国家権力を強めるための法案を通しています。二〇一五年には安保法制を強行採決して、二〇一七年はテロ等準備罪[*7]、いわゆる共謀罪が作られました。そうやって安倍政権は、権力者が鉄のカーテンを閉めて、情報操作とメディア監視を強め、報道の自由や国民の知る権利を束縛する方向に向かっています。

こうした法律を盾に、何の罪も犯していない人が、政府の意図によって共謀罪で逮捕されることはないのか。政府に都合の悪い情報は、すべて秘密にされたまま、ますます隠蔽しやすくなってしまうんじゃないか。そういう懸念について菅官房長官に質問しても、「そういう心配はありません。むしろ、特定秘密保護法と安保法制とテロ等準備罪の三つができたことによって、非常に機微な情報がアメリカから入るようになりました」とメリットを繰り返し述べるばかりです。
アメリカから情報をもらえると喜んでみせても、実際は、いつでもアメリカと一緒に戦争できるような法律を作っているわけですよね。それも、アメリカ政府側の意向を受けて、日本の政治家や官僚が、あらかじめ法案成立ありきで進めていって、国会での議論や国民への説明は適当にやればいいという感じに見えました。ここにも安倍政権の「アメリカ隷属、国民軽視」の姿勢が顕著に表れていますよね。

ファクラー たしかにアメリカの意向というのはあるでしょうが、一方で、外務省や防衛省が外圧を都合よく利用して前々から作りたかった法律を作っているんですよね。良識的に考えれば、わざわざ特定秘密保護法を新設しなくても秘密を保護するための法律は国家公務員法とか情報公開法の不開示規定などすでにいろいろありますからね。アメリカとの付き合いのために必要な法律だと言うけれど、私には、むしろアメリカと関係ない部分で「秘密」に特定されていることのほうが気になります。

たとえば、すでに話した放射線量を予測するSPEEDIのようなものまで秘密にされてしまう。そうなると、3・11のときがそうだったように原発事故が起きたときに正しい情報が報じられなくなってしまいます。

この手の法律で問題なのは、日本にかぎらずアメリカでも「何が秘密で何が秘密じゃないか」がよくわからないという点です。日本の場合は秘密とされるのは数万個単位で、アメリカでは数千万個単位というものすごい数です。しかも何が秘密かとは明言できないから、書いたり言ったりした本人が秘密かどうかを判断する基準が曖昧で難しい。オバマ政権の国家機密漏洩に対する異常な警戒心の話はすでにしましたが、やっぱりこの法律によって多くの逮捕者が出ましたからね。逆にトランプ大統領は自分のほうからロシアに国家機密を漏らしているという笑えない笑い話になっていますよね。

望月　フランクというか、情報管理がルーズというか、トランプ大統領は、相変わらずだれにとってやりやすい相手なのかやりにくい相手なのかよくわからないところがありますね。安倍政権は、そこを読み切れていないことが問題だと思います。北朝鮮と米中韓の問題もそうだし、鉄鋼関税の問題もそうです。対米追従一本でいこうとしているのに、結果、アメリカに甘く見られていますよね。あんなに「アメリカからの機微な情報」をありがたがっているわりに、肝心な情報は得られていないんじゃないかと思いますけどね。米朝会談の話も知らされてませんでしたし。

ファクラー　安倍政権はなんとかしてアメリカと高度な情報交換ができるようになりたくて、

せっせと国内法を作ってきました。ひと言で言えば、ファイブ・アイズ並みの国として認められたいのでしょう。

望月　ファイブ・アイズ、五つの目ですね。もともとは第二次世界大戦中に米英が結んだ秘密条約でしたが、戦後そこにカナダ、オーストラリア、ニュージーランドも加えられて五カ国間の国際諜報同盟になった。加盟各国の諜報機関が傍受した盗聴内容や盗聴設備などを共有・相互利用することが目的です。安倍政権は、そこに入れてもらって「シックス・アイズ」になろうとしているんでしょうかね。

ファクラー　そのためにはアメリカ基準の国家機密管理と諜報活動が求められるわけです。そうなってくると、日本でもアメリカと同じように、あらゆる機関やあらゆる人を監視するシステムが強化されていくことになります。

アメリカと同等のレベルの機密管理や諜報活動ができるように日本はいろんなシステムを導入しているようです。たとえば、海上自衛隊はアメリカ海軍とかなり緊密になっています。その情報交換では、アメリカと同じシステムをいろいろ持っていなければいけない。そういうものが入ってくると、軍事的な面だけでなく国民の監視に使うこともできるようになるのです。

望月　そうなってくると、日本でもスノーデンさんのように内部告発してくれる人が出てきたり、ライゼンさんのように鋭い調査報道をするジャーナリストが出てきたりしないと、知らぬ間に国家権力による国民監視網が出来上がってしまいますね。

日本版NSCというブラックボックス

ファクラー　アメリカの意向もあって日本に特定秘密保護法ができたことで、「どういうふうに運用されるか不安だ」とか「逮捕者が続出して厳しい罰則を科せられたら大変だ」という心配があると同時に、対外的な警戒システムも不可欠になっています。

たとえば、三菱重工が中国にハッキングされて、アメリカ政府が保持してきたF35[*8]の秘密の文書が、日本企業のおかげであっさりと盗まれてしまった。そういうことが二度と起こらないように、日本の監視システムも相当レベルアップしているはずです。そうしなければ、アメリカが日本をファイブ・アイズ並みに信頼して仲間に入れようとはしませんからね。

つまり、日本国家として、中国や北朝鮮のハッキングやサイバー攻撃を防ぐために、ハイレベルなシステムを次々に導入しているはずなのです。それをまた国民監視を強化する道具にも使えるという、権力者にとっては一挙両得のようなところがあるわけです。

望月　日本ではいまのところ、まだ特定秘密保護法による逮捕者は出ていません。私はもともとこの法案が出てきたときに、防衛省の記者会見に通って、幹部の人たちに「法案が通ったら、こういう情報は出てくるんですか?」「この情報はダメになっちゃうんですか?」ということを事細かく質問して聞きました。

それに対する彼らの答えとしては「いままで皆さんにお伝えしていたことやお答えしてきた事柄で、特定秘密保護法の施行後、隠さなければいけなくなるようなものはないと思います。いままで国家機密だった事柄が法律によって制度化されるということです。たとえば、基地の衛星写真のように『これは明らかに国家機密だ』というものが国家の秘密として保護されるということです。皆さんとこういう取材の場所でお話ししていたことが秘密扱いになってしまうということはありませんのでご心配なく」ということでした。

ただ実際に法律施行後は、取材するほうもされるほうも、なんとなくしゃべりづらい空気になった面は否定できません。全体的に安倍政権のもとで官邸や省庁の会員が閉鎖的になっている方向にあります。

ファクラー　特定秘密保護法施行以降、いちばん取材がしづらくなったのはどこですか?

望月　国家安全保障会議、いわゆる日本版NSCですね。ここは二〇一三年に発足したときから、ほとんどアクセスできません。日本版NSCは首相と官房長官、外務大臣、防衛大臣による「四大臣会合」が中核となって、それを補佐する機構として内閣官房に「国家安全保障担当」の首相補佐官と「国家安全保障局」を置いています。ひと言で言えば、首相の主導で安全保障上の問題を検討し対処するというものです。ここはブラックボックス化して何をやりだすのか不気味です。ここの職員は外務省をはじめ各省庁から出向してきているんですが、執務室に入るときは携帯電話すら持って入れないと聞きます。ある女性官僚は子育て中で、子どもの学校に連絡があるときは、いちいち手続きをして外に出てからでなければ電話を使えないからすごく不自由で不便な職場だと言っていたとの話を聞きました。

ファクラー　防衛関係や安全保障関係は、やっぱりそういう面は厳しいですよね。どうしてもね。

望月　防衛面での秘密保護法関連で言うと、いま日本が巡航ミサイル、トマホーク導入といった高速滑空弾の研究を進めています。アメリカも先進的に進めているような敵基地の攻撃ができるミサイルの開発です。これから日本でもそのミサイル技術の研究をするんですけど、そういうのは秘密保護法の対象ということになっていくでしょう。

ファクラー　それは、ある意味で非常にわかりやすい秘密ですよね。記者としては、別に教えてもらわなくてもいい秘密です。そのミサイルがどのぐらいの距離を飛ぶかとか、そういうところは実はあまり問題ではない。

問題なのは、政策や意志決定に関わる情報ですよね。たとえば、なぜ北朝鮮を攻撃する必要があるのか。その可能性はどれだけあるのかとかね。そういうところが「秘密です」と言われたら困る。ミサイルの具体的な機能を教えられないのはわかる。重要なのは武器の特性などではなく、民主主義が健全に機能するために必要な情報です。

つまり、北朝鮮に向かってそのミサイルのボタンを押すというような国の安全を左右する意志決定のプロセスを秘密にしてはいけない。それが「秘密保護法があるから言えない」という状況になると、国そのものがとんでもない方向に行ってしまいます。

望月　まさにその点で日本版NSCができたことによる怖さがあるんですよ。本来であれば、日本はこれまで専守防衛遵守の立場上、九〇〇キロを超えて飛ぶような巡航ミサイルを持つことは、北朝鮮や中国に対する敵基地攻撃になる可能性があるから、かなり慎重でした。専守防衛が軍事的装備の一定の歯止めになっていたと思うんですけど、そういうことについて防衛省では、ほとんど議論されていないと思います。防衛省の意思とは関係なく、いきなり「予算化」ということになっている。これはNSCと官邸が主導しているからでしょう。

そうすると、防衛省にしてみれば、このミサイルを持った時点で、「こっちがこれを構えているということは、向こうもこっちを狙い定めている」ということになるわけです。もともと狙われてはいたけれど、そのミサイルを中国や北朝鮮に対して、「いつでも攻撃できますよ」という旗印を立てることによって、より一層、標的にされることにつながる。だから本当は防衛省内には高性能ミサイルの研究開発には結構慎重な意見が多いんです。

そうしたミサイル導入については国会でもほとんど議論にもなっていません。ところが通常国会のあとに、小野寺防衛大臣がいきなり「導入します」と言うわけです。「専守防衛の概念には反しません」と。じゃあ、その議論はどこでだれがしているのかというと、結局、アクセスのできないNSCと官邸です。官邸にはアクセスできますけど、何を質問しても「検討しています」と言うだけです。

つまり、だれが判断して決めているのかというと、一部の政治家と防衛・外務・財務の官僚だけなんです。防衛省の現場からすると、「こんなものを日本が持った時点で、専守防衛の概念に反しませんと本当に言えるのか。かなり危ないんじゃないか」と思っている幹部は少なくありません。防衛の最前線に立たされる防衛省内にそういう声があるのに、ほとんど無視されている。ここでも総理のご意向を汲《く》んだNSCと官邸が本当に強くなっている。かつての防衛省であれば、もうちょっと現場からの声が予算にも反映できたし、民主的な議論と説明のうえに決定されていました。それが今回の巡航ミサイルの導入は国会で議論も何もないまま、二〇一七年の年末にすごく乱暴に、いきなり出てきました。

＊1　特定秘密保護法

「特定秘密の保護に関する法律」。国の安全保障に関して秘密にする必要のある情報の漏洩を防ぐために、特定秘密とされる情報の指定・提供・取扱者の制限・適性評価などについて定めた法律。二〇一三年一二月公布、二〇一四年一二月施行。権力の恣意的な適用性への不安、言論の自由や国民の知る権利を損なう懸念が指摘されている。

＊2　ウィキリークス

匿名の内部告発者が投稿した情報をネット上で公開するWebサイト。オーストラリア出身で元ハッカーのジュリアン・アサンジュ代表らが、二〇〇六年に創設。二〇一〇年、イラクで二〇〇七年に米軍ヘリが民間人を射殺する様子を撮影した内部ビデオを暴露、米国務省の外交公電を公表して有名になった。

＊3　エドワード・スノーデン

Edward Snowden　一九八三年生まれ。CIA、NSA及びDIAの元情報局員。アメリカ政府が無差別監視をしている実態等を暴露した二〇一三年六月の「スノーデン・リーク」で世界を震撼させた。

＊4　同時多発テロ

二〇〇一年九月一一日にアメリカで起きた、イスラーム主義者によるとされるハイジャックした旅客機での自爆攻撃テロ事件。ニューヨークのワールド・トレード・センタービルやペンタゴンが標的となり、その後の中東の戦乱の端緒となった。

＊5　タリバン

アフガニスタンのスンナ派イスラーム主義者集団。「イスラーム神学生」「求道者」の意。一九七九年以来アフガニスタンへ侵攻していたソ連が一九八九年に撤退。タリバンはその後の軍閥による内戦を収束させ、一九九六年アフガニスタン・イスラーム首長国を樹立し、国土の大半を支配。二〇〇一年アメリカ同時多発テロの指導者とされるオサマ・ビン・ラディンをかくまったとしてアメリカ軍の攻撃を受け、同年一一月に政権は崩壊したが二〇〇六年以降勢力を挽回している。

＊6　グレン・グリーンウォルド

Glenn Greenwald　一九六七年生まれ。ジャーナリスト、弁護士、作家として活躍。スノーデン文書のスクープを筆頭に、調査報道で数々の賞を受賞。著書に『暴露――スノーデンが私に託したファイル』(新潮社)などがある。二〇一四年、新たなメディア媒体「ザ・インターセプト」を共同創刊。

＊7 テロ等準備罪
二〇一七年、組織犯罪処罰法第六条に「テロリズム集団その他の組織的犯罪集団による実行準備行為を伴う重大犯罪遂行の計画」に対する罪として追加された、重大な犯罪を組織的な犯罪集団が計画し、実行を準備する罪。いわゆる共謀罪。

＊8 F35
ロッキード・マーティン社が開発したステルス性能を備えた超音速戦闘機。

第五章　アメリカのシナリオで強権化する安倍政権

巡航ミサイル導入が意味する国防の重大な変化

望月　巡航ミサイル導入について、遡ってみると、この件の第一報は、小野寺五典《いつのり》防衛大臣が二〇一七年末に表明する半年ほど前に産経新聞が出しているんです。「巡航ミサイル導入検討、調査費計上か」という内容の記事を載せた。ところが、それを見た防衛省の幹部は、全否定したんです。「こんなものをいま日本が導入するなんて絶対ありえない」と言っていました。

ところが、年末になって、今度は読売がまた「ミサイル導入か」と打ち始めた。「あれ？　読売が書いたということは、やっぱりやる気なのかな」と思ってみていたら、案の定、小野寺大臣が発表したわけです。

こういうところも安倍一強体制になっているんです。かつてならこういう場合、事務次官以下現場の幹部の意見を聞いてから政府が判断していくという手順が普通だったけれど、いまは各省庁のトップがいちいち官邸にお伺いをたてに行って判断を仰ぐ。官僚のトップたちが日参して総理のご意向を確認して指示をもらうようなありさまです。これはとても怖いですよね。

特に防衛省の幹部、戦前で言えば軍部の軍人さんたちが慎重なわけです。彼らは、日本の装備体系というのは、中国にはすでに負けているし、下手なことをして煽《あお》りたくないという気持ちも重々あるんです。それがどんどん官邸とNSCの主導で進み始めちゃっているという怖さ。まさにそこはブラックボックスだなという感じがします。

ファクラー　それはとても心配ですね。ただミサイルや新しい兵器を買うというだけの話ではありませんからね。攻撃する能力を持つということは、今度は、北朝鮮の中の標的を探す能力も備える必要があるし、その作戦を成功させるための装備や訓練を始め、いままでとは違う多くのものが必要になるでしょう。自衛隊の基本的な体制そのものも変えなければいけないですよね。

これは実に重大な変化です。新兵器導入に予算をつけるとか軍事費が伸びたとか、その程度の変化じゃないでしょう。日本の軍事の根本的な変化を意味しています。民主主義国家の中で、国会で議論もしないで軍備を進めたというのは本来なら大事件です。メディアは詳細をどこまで報道できたんですか?

望月　小野寺防衛相の「専守防衛に反しない」という発言に対して批判的な報道が大きく出てはいました。それとともに、いままで政府は通常ミサイルの射程距離さえ「防衛機密なので言えません」と言っていたのですが、アメリカから買ったり、ロッキード・マーティン社のJA

ＳＳＭ－ＥＲというミサイルを買ったりしているのが明らかになっているから、もう何キロ飛ぶかということから何から何まで性能がわかっちゃっているわけです。

ファクラー　ＪＡＳＳＭ－ＥＲは米軍も使っていますから、すぐわかりますよね。約九〇〇キロです。あと、ノルウェーのミサイルも買うんですよね。そっちは約五〇〇キロです。

望月　ＪＡＳＳＭ－ＥＲは、米軍を始め、すごく売れているらしいんですけど、一発で一億六〇〇〇万円です。

ファクラー　ただ、ミサイルを買うだけではないですからね。それ以外にも自衛隊の新しい情報収集のシステムを作らなきゃいけない。人工衛星はすでにあるけど、それだけでは足りないから。

望月　人工衛星は、これから三つ、軍事用を打ち上げるようです。

ファクラー　巡航ミサイルで、どこの何を攻撃するかを特定するための能力はいままでなかったわけだから、それを新たに備える必要がある。つまり、端的に言えば、相手の国をスパイできなければミサイルだけあっても作戦は成功できない。そこがいままでと大きく違うんです。いままでの専守防衛だったら、自分の領域だけ見ていればよかったけれど、今度はミサイルを撃つ相手の国の中まで正確に見通す能力が必要です。

望月　相手のどこを狙うかということが、重要になってきますね。

ファクラー　つまり、いままでのように完全に米軍に頼るか、それともこれからは日本独自の能力を作るかという問題になるんです。ミサイルを買うだけでなく実際に使うとなると、相当なインフラが必要です。一方、米軍に頼る道を選ぶという場合は、自衛隊と米軍がもっと緊密になるということです。

北朝鮮と米中の動きを読めない安倍政権

望月　この間、埼玉県の入間市に行ったときに、こんなことがありました。入間の自衛隊基地は、もともと米軍基地だったところに、その後、いろいろ建て直して使っているんですが、空いている土地があるんです。そこを公園などの平和的な施設として地域住民のために使いましょうということになっていたのですが、それが撤回されて、基地施設として使うらしいんです。

いろいろと話を聞いてみると、どうもそこには、新たに防衛省のための病院を作るらしい。まだ公にされてはいないけれど、今後、国内外の有事による負傷者をその病院に輸送できるようにするという計画があるようなんです。その情報をつかんだ市民たちは反発していますけど。

これもミサイル導入や日米軍事協力という状況を想定して、負傷者の受け入れ体制まで含めて全国の基地周辺の拡張と整備を進める準備を始めているらしい。入間市の近隣には、所沢の防衛医科大学校がすでにあるから、専門の医師がいるということも大きいんだと思うんですけど。ただ、それは市長が公に言っているわけじゃないから、市民の反対運動はかぎられているし、私も入間市に行って住民から話を聞いてみて、初めて知ったんです。

二〇一七年の暮れから二〇一八年の一月から二月ごろにかけて「トランプ大統領は本当に北朝鮮を攻撃するんじゃないか」という不安がメディアにも広がっていたときは、ミサイル導入の話が飛び出してきたり、自衛隊の周辺からも、入間市と同じような話が聞こえてきたり、かなり物騒でした。

その後、南北対話が進んで、北朝鮮と中国の首脳会談もあって、米朝対話も進めようという流れになって北朝鮮が戦禍の渦になっていく可能性は低くなりました。ただ北朝鮮の核問題の進展によっては、トランプ大統領が、その矛先をいつ北朝鮮に向けるかわからない状況が一時期ありました。ちょうどそのとき日本では巡航ミサイルの話が出たわけです。

ファクラー　おそらくトランプ大統領が北朝鮮に向かって強い言葉を投げかけていたときというのはパフォーマンスだと思います。それは金正恩委員長も同じ。どちらもそう簡単に戦争なんかできないから、アメリカは大国の軍事力を誇示して北朝鮮を脅かすためのパフォーマンスをするし、北朝鮮はメンツを保つために「そんな脅しに負ける北朝鮮ではない」というポーズを示す。でもそれ以上のことはしないでしょう。

望月さんが「かなり物騒だった」と言った時期のアメリカ軍の実際の動きを冷静に見れば、よくわかります。軍事態勢そのものは何も変わっていませんでした。軍事訓練で空母は集結したけれど、解散して終了。その間、艦隊が特別な動きを見せたことは一度もなかったし、在韓の陸軍も動きに変化はなかった。在韓米兵の家族もひとりも帰国していない。アメリカ政府高官の中にも「戦争はありえない」と公言する人がいた。結局は、トランプ大統領の強い北朝鮮批判があっただけ。つまり、刺激的な言葉というトランプ大統領お得意のパフォーマンスがそこにあっただけなのです。

望月　日本のメディアも、煽ろうとする人たちもいたけれど、冷静な人たちもいました。結局、あのとき日本で何が起きていたかというと、北朝鮮の脅威を煽ろうとする一部のメディアの報道に乗じるかのように政府は「安倍政権は北朝鮮に断固とした態度を示して国民を守る」と盛んに言ったり、各自治体に避難訓練を強いたりする一方で、アメリカに「武器を買いなさい」と勧められて「はい買います」と言って、ミサイルやら何やらたくさん買わされたというわけです。

本当のところ北朝鮮のミサイルはどの程度の脅威かというのは疑問があります。ミサイルを飛ばしたことは飛ばしたけど、そもそも中身がなんだったのか。ミサイルが落下した近海に政府は船を出して調べていたようですが、「中に爆薬は入っていたのか?」と聞いても「答えられない」と言うだけ。そのうえ「日本の領空侵犯だ」とJアラートを鳴らしたけれど、あとで「日本の領土・領海・領空は侵犯していなかった」と自民党として石破《いしば》茂さんが訂正しています。どうも「また北朝鮮が日本にミサイルを飛ばした。大変なことだ」と政府をあげて煽ろうとしているようにさえ見えます。

それでいて政府は「もし本当に日本の領土にミサイルが落ちたらどのぐらいの被害が出るのか」ということを示そうとはしません。アメリカや欧州のシンクタンクは被害が予測される数値を明らかにしているけれど、日本は出していません。

そのことについて防衛省に質問すると、「被害想定はそれぞれの状況に応じて、どのぐらいの被害が出るかの推定値は出しています」と、一応、言っているんです。「じゃあ、その推定値をここに出してください。この先、どういうことが起こり得る可能性があるかも含めて答えてください」と言うと、「出せない」と言うんです。

それは政府なりに、国民をパニックに陥れたくないということかもしれませんが、その一方でJアラートをガンガン鳴らしている。これは矛盾しています。戦争に踏み切った場合の被害推定値も国民に出さずに、Jアラートで「危ないぞ」と言うだけなのはどうなのか。新聞としてもメディア全体としても、その調査報道は足りなかったと思います。東京新聞では特報部の紙面では出ていましたが、一面や社会面で大きく報道したかと言えば、そうではありませんでした。

ファクラー　そういう有事の可能性があるときには、政府が秘密にしたがることに対して「それは本当に秘密にするべき秘密なのか。それとも本当は国民に知らせるべき秘密なのか」ということをメディアは追及する使命がありますよね。3・11のあとの原発と放射線の報道を見るかぎり、政府の都合が報道のほうを優先していたように感じます。北朝鮮のミサイルについても、日本政府は都合が悪いことは言おうとしていないという印象を受けました。

望月　日本がそうこうしているうちに、北朝鮮と韓国は平昌《ピョンチャン》五輪を契機に、一気に南北対話に舵《かじ》を切り、中国はそれに対して「関係改善を支持する」と言いました。その後、「圧力強化」の姿勢で一致していた日米のうちトランプ大統領は対話の方向に向かい、中朝会談が行われ、日本だけが取り残される形になってしまいました。

ファクラー　その中で重要なのは米中のスタンスです。習近平《しゅうきんぺい》政権にとって、トランプ政権というのは非常に好都合な政権なのです。それはトランプ大統領が中国を訪問したとき、習近平国家主席ときわめて親密な米中関係を築いて帰っていったことを見ればよくわかります。

トランプ大統領は習近平国家主席に「北朝鮮は中国に任せた。アジアはすべて中国に任せるのでよろしく頼みます」と言って習近平政権をアメリカ政権史上、最大限に認めました。「大国はアメリカ一国」という姿勢のオバマ政権では考えられなかったことです。トランプ大統領は、この米中首脳会談で「アフガニスタンのことも中国にお願いする」と言いました。アジアの大国は中国一国。もはやトランプ政権と習近平政権は「G2」だというふうにトランプ大統領は、習近平国家主席を持ち上げ、習近平国家主席は大喜びでトランプ大統領と肩を叩き合いました。

そのときの中国国内の報道を見ると「中国とアメリカは、もはや対等な立場だ。両国で世界を一緒に支配しよう」という祝福ムードだったんですよ。トランプ大統領は中国をあげて大歓迎された後、アメリカへ帰っていきました。

ここまではアメリカと中国の報道で明らかになっていることですが、ここから先は私の推測です。さっきから話に出ている巡航ミサイルを日本が導入するというのは、この米中関係の影響ではないかと思います。もし米中がG2ということになったら、日米関係も日米安保も大きく変わってしまいます。アメリカが「アジアで何が起きても日本を守る」という前提が崩れたら、日本は自前で国を守るしかない。「こうなったら軍備増強だ。ミサイルも買って備えるぞ」ということじゃないでしょうか。

実は韓国も米中首脳会談を受けて、「アメリカはもう頼れないんじゃないか」と言わんばかりに軍事予算を七パーセント増やしています。韓国の場合は朝鮮半島が長年にわたって緊張状態にあって、徴兵制がある国ですから、国民には軍事や有事に対する合意があります。ところが日本はそれとは大きく違います。そういう中で、他国にミサイル攻撃を仕掛ける装備を持つということは、日本にとって戦後最大の方向転換だということを海外の政権やメディアは注意深く見ています。それなのに、日本国内で、そういう議論が行われていないということは非常に危険な状態だと思います。

第六章　政権のメディア・コントロールの実体

朝日新聞の逆襲

望月　第二次安倍政権が「安倍一強」と呼ばれるほど強い権力を持つことができた理由のひとつは、メディアコントロールが非常に巧みなことです。安倍政権にとって都合のいい報道をしてくれるメディアには手厚く報いる一方、政権に批判的なメディアは攻撃しています。

具体的に言うと、安倍政権に好意的で、安倍首相のお気に入りと言われてきたメディアは、NHK、日テレ、フジテレビ、読売、産経。こういったところには、首相の単独インタビューも含めて快く取材に応じますが、それ以外の記者の質問にはまともに答えようとしません。

そのうえ、安倍政権は、はじめは政府に対して批判的だったメディアにも、アメとムチを駆使して味方につけてしまうという技も持っています。たとえば、かつて自民党に批判的だと見られていたテレビ朝日は敵対関係を解消させたと聞いています。そうやってメディアを手なずけたり脅したりして、安倍政権に都合の悪い報道が出ないようにしておく。そのおかげで、国民は「安倍政権には特に問題なさそうだから、とりあえず任せておこう」となって、支持率は安泰というわけです。

それが、安倍政権の天敵と呼ばれる朝日新聞の調査報道をきっかけに起きた森友・加計疑惑によって、大きく風向きが変わりました。「安倍首相は夫婦そろって自分のお友だちに利権を与えていたのか」という国民の厳しい声が高まっていった。それでも安倍政権は、野党の失速のおかげもあって解散総選挙に勝って政権を維持しました。

森友・加計疑惑は、籠池《かごいけ》夫妻が口封じのように延々と勾留されたまま「悪いのは安倍夫妻ではなく籠池夫妻」という政府による印象付けが強引に行われ、加計学園はおとがめなしで獣医学部の開設が認められました（編集部注。籠池夫妻は二〇一八年五月二五日、約一〇カ月ぶりに保釈）。政府は安倍一強を盾に、まんまとこの問題の幕引きを図ろうとしたわけです。

ところが、そうはさせまいと朝日新聞は、問題追及の手をまったく緩めませんでした。朝日のスクープによって明らかになった森友疑惑が、ちょうど丸一年たった二〇一八年三月、朝日新聞は再びこの問題で安倍政権を窮地に追い込みました。財務省による公文書改竄*1という大スクープです。

朝日新聞は二〇一四年に、いわゆる吉田調書問題と慰安婦問題についての報道が誤報だったとして謝罪をしました。朝日新聞は大きく信用を失ったことで、調査報道そのものの自信も失くしたかのように見えました。安倍首相は日ごろから安倍政権に批判的だった朝日新聞に、ここぞとばかりに「朝日は誤報をした」と批判のお返しをして傷口を深くし、相対的に政権浮上のネタにしようとしました。それに屈することなく、朝日新聞が再び立ち上がって反撃したのが、あの一連のスクープでした。

ファクラー　朝日新聞は、あのときジャーナリズムの挫折を経験したことで、権力に負けないジャーナリズムの矜持《きょうじ》を取り戻す強さを再び身につけたのかもしれませんね。あの反発力と粘り強さは新聞社として見事だと思います。私たち日本外国特派員協会としても、森友疑惑のスクープを高く評価し、朝日新聞大阪本社社会部の吉村治彦さんと東京本社国際報道部の飯島健太さんに日本調査報道賞を贈りました。

ただし、先ほども触れましたが、二〇一四年に吉田調書報道について誤報を認めて謝罪したとき、記事を全面的に取り消したのは、新聞社のあり方として大きな過ちだったと思います。あれは「誤報」とは言えません。記事の見出しのニュアンスが適切ではなかったということはあったにせよ、記事の中には誤報もないし、事実でないことを書いたわけではありません。ましてや意図的にウソをついたわけでもありません。記事の見出しは正しく直して謝罪するべきですが、記事の全部を取り消す必要はまったくありませんでした。

まず慰安婦問題の報道について朝日新聞は、元日本兵の吉田清治さんの証言、いわゆる「吉田証言」が虚偽だったとして、これに関わる一八の記事を取り消しました。しかし、吉田証言がウソだったことがわかったからといって、慰安婦の記事をすべて取り消すかのような印象を与えてしまったのは、大きな失敗だったと思うのです。

特に、吉田証言以外の慰安婦報道は虚偽ではなかったのに、それについて朝日新聞はほとんど何も主張せず、ただ謝罪の姿勢を示しているだけでした。吉田証言は朝日新聞以外に読売も毎日も産経も報じていたのに、あのとき朝日だけが悪者になったのはなぜか。吉田証言以外の慰安婦報道についても、朝日以外の新聞がそれ以前には数多く書いているのに、なぜか「慰安婦報道はすべてウソだった」というイメージが持たれて、それ以降、慰安婦報道があまり行われなくなったのはなぜか。最初のポイントはそこです。

望月　それは、「朝日の慰安婦報道は誤報だ」と安倍政権が盛んに吹聴《ふいちょう》したからですよね。朝日新聞の吉田証言問題に乗じて、安倍政権が、まるで「慰安婦問題などなかった」というゴリゴリのタカ派の主張のようなことを言い出したから、慰安婦報道が静かになっていったということですね。

ファクラー　そうです。朝日新聞は、あのとき、吉田証言がまちがいだったことを認めて謝罪しただけで終わらずに、「吉田証言以外の慰安婦報道は正しかった」ときちんと主張するべきだった。朝日新聞は二〇一四年八月五日に長い検証の記事を掲載しました。その内容は、日本の植民地だった韓国の済州島で戦時中、吉田清治さんの「現地の女性を慰安婦にするため暴力を使って無理やり連行した」という証言を記事にしたが、それを事実だと裏付けることができなかった。朝日新聞としては、吉田さんの証言を虚偽だと判断したということでした。

それはそれでいいのですが、だったら、その翌日の八月六日の朝日新聞に、同じぐらい長い記事を載せるべきでした。その内容は、朝日新聞の吉田証言に基づいていない慰安婦報道の正しさについて言及する記事です。朝日新聞がこれまで報じてきた「吉田証言以外の慰安婦関係の記事」を改めて紹介して、その報道の裏付けとなる証拠や真実を読者にちゃんと見せて、「吉田証言以外の慰安婦関係の報道が正しかった」と強く言えばよかったのです。あのとき、朝日新聞は萎縮してしまうばかりで、正しかった記事を強調することができなかったのです。これは新聞の信頼性を損なってしまう致命的な失敗でした。

そうやって朝日新聞が黙っていたために、安倍政権に「誤報」と非難されるがままになってしまいました。その後、朝日新聞だけでなく他のメディアも慰安婦問題についてあまり報道しようとしないのは安倍政権の思うつぼだったとも言えます。

望月　たしかに安倍首相は過去に慰安婦の存在を認めようとしない姿勢を示したこともありま

した。あのとき、朝日新聞の吉田証言が虚偽だったことが報じられた記事を見て、安倍首相はおそらく「いまこそ朝日を潰すチャンスだ」と思ったでしょうね。「ついでに慰安婦問題という面倒な報道も潰してやろう」という好機だと見たんじゃないでしょうか。

ファクラー　きっとそうだったと思いますよ。それともうひとつ、朝日新聞の吉田証言問題について言うと、二〇一四年になってからわざわざ「記事の取り消し」などという誤った対応をするのではなく、実はもっと早い時期に吉田証言の虚偽を認めて、慰安婦報道を正しく修正するチャンスがあったのです。

吉田証言の内容が事実ではないのではないかということは、もっと早くから指摘されていました。たとえば、元官僚の秦郁彦《はたいくひこ》さんという現代史家は一九九二年に済州島で現地調査をして、吉田証言の中にある「済州島で慰安婦狩りをした」というのは事実ではなかったということを調べ上げています。それについて、朝日新聞としても再調査をして「吉田証言はまちがいだったから、記事を正しく書き直します」と言えばよかったのです。

その後、一九九七年に朝日新聞は再調査をした結果、「吉田清治さんの証言を裏付けることはできなかった」という報告を記事として載せています。少なくとも、その時点で吉田証言の虚偽を認めて記事の修正をしっかり行えばよかったのです。

情報や知識というものは、どんなに正しいと思われていたものでも、時代とともに「実は、新たな事実がわかった」ということがあります。どんな記事や報道も「あのときはこれが事実だと思っていたけれど、本当はこうだった」ということが、技術や知識の進歩の中で起こり得るのです。

あえて単純なたとえ話をすると、二〇世紀にアインシュタインが相対性理論を出すまでは、一七世紀のニュートンの物理学が正しいとみんな思っていました。だからといって、ニューヨーク・タイムズがかつてのニュートンの物理学に基づいた記事を全部取り消しますか。しませんよね。時代の進歩によって新たな事実がわかったら、その時点で上書きをしていく。それが時代とともに進むメディアの仕事だと思います。

明らかに記者がウソをついていたという場合には、その記者を処分して記事を取り消すべきですが、あとで新事実がわかったという場合は、再検証して正しい記事を書いてアップデートをすればいいのです。

たとえば、ニューヨーク・タイムズの場合、前に述べたイラクの大量破壊兵器の報道のとき、政府高官の「大量破壊兵器がある」という意図的なリークを信用して大きく報じ、結局、誤報を流すことになってしまいました。

ウソをつくつもりなどなかったのに結果的にウソを書いてしまった。その後、ニューヨーク・タイムズは「なぜニューヨーク・タイムズはホワイトハウスに利用されて、あのような記事を書いてしまったのか。取材のどこに問題があったのか。なぜ検証できなかったのか」と、自らの会社に対する綿密な調査報道をして一面で大きく報じました。つまり、調査と反省のうえに立って、明確な形で事実を上書きしたんです。

望月　ニューヨーク・タイムズが新聞社として読者の信用を取り戻すためには、それが絶対に必要だったということですね。朝日新聞にも、もっと早くそうするチャンスがあったはずだと。

ファクラー　それがジャーナリズムの責任だと思います。

安倍政権が狙い撃ちする朝日新聞

ファクラー　では、次に吉田（昌郎《まさお》）氏の調書問題です。あの調書は政府が原発事故後、三年もの間、公開することなく秘密にしてきたものです。それを入手してスクープした朝日新聞の木村英明さんと宮崎知己さんは、「朝日の特報部のエース」と呼ばれていただけのことはある優秀な記者です。

ところが、事実としてはまちがいではなかったけれど、その伝え方に一部、問題がありました。二〇一四年五月二〇日の朝日新聞の一面には、吉田調書をもとに、震災四日後の第一原発内のことについて、こう書かれていました。

「第一原発にいた所員の9割にあたる約650人が吉田氏の待機命令に違反し、10キロ南の福島第二原発へ撤退していた。その後、放射線量は急上昇しており、事故対応が不十分になった可能性がある。東電はこの命令違反による現場離脱を3年以上伏せてきた」

この報道後、公開された吉田調書を読むと、吉田所長の待機命令が現場まで正確に伝わっていなかった様子がわかります。つまり、命令違反をしたのではなく、命令がちゃんと伝わらなかったために所長の意に反して撤退したというのが実態でしょう。

それが「所長命令に違反　原発撤退」という見出しをつけたことによって、待機命令が出たのに言うことを聞かずに所員たちが逃げたように受け止められかねない記事になってしまったのです。当時の朝日新聞の社長だった木村伊量《ただかず》さんは、そのことを謝罪して、この記事を取り消してしまったのです。

しかし、私はこの記事は誤報ではなかったし、取り消すべきではなかったと思います。記事の見出しの書き方に問題があったところについて、訂正の記事を出せばそれで十分だったはずです。

結局、朝日新聞社としては、記事を取り消して謝罪して、「あの記事を書いた記者がミスを犯した」という姿勢を示しました。つまり、木村英昭さんと宮崎知己さんのふたりをスケープゴートにしてこの問題を乗り切ろうとしたのです。

これでは苦労して調査報道をした記者が報われません。そもそも調査報道というのはリスクが高い報道です。新聞社がしっかりとバックにいて記者を支えてやらないと、記者個人だけではできるはずがありません。記事の中にちょっとまちがいがあったり、何か問題になった際に、すべて記者のせいにされるとなると、だれもがんばって調査報道なんてしなくなってしまいます。あのふたりが勝手に動いて、読者にも会社にもウソをついていたのならともかく、特報部の中でちゃんと上とも話して取材を進め、ふたりが書いた記事を上がチェックして載せたのだから、ふたりが悪いわけではない。新聞社としては、あのふたりをしっかりと守るべきでした。調査報道のリスクを記者個人に負わせるというのは大きなまちがいだと思います。

あの記事を取り消してしまったことによって、結局、朝日新聞の特報部は骨抜きにされてしまいました。非常に残念な「新聞の敗戦」になってしまったと思います。その後、森友疑惑で朝日新聞の調査報道の汚名返上をしたのは、大阪本社の社会部の記者でした。もしこれが特報部による特ダネだったら「特報部の反撃」と言えるのですが、それは朝日の今後に期待しましょう。

望月　朝日新聞VS安倍政権という点で言えば、慰安婦報道のときがそうだったように、安倍首相自らが「朝日は誤報」とか「朝日の社是は安倍政権打倒だと聞いている」などと、露骨に朝日を攻撃してきました。吉田証言の報道取り消しがあったあとの衆議院の予算委員会では「朝日新聞の慰安婦問題に関する誤報を認めたのだから、朝日新聞の記事が国際社会における日本人の名誉を著しく傷つけたことは事実」とまで言いました。プレスセンターで開かれた記者会見では、朝日の記者が手を挙げても指名しないのに、わざわざ朝日の記者に向かって「朝日さんは、どうせこのことをちゃんと書いてくれないじゃないですか」と抗議というか嫌味を言ったりする。これって、ほとんどトランプ大統領が「あなたのところはフェイク・ニュースだ」と言っているのと同じですよね。

ファクラー　同じですね。ただ、こういうやり方でメディア攻撃をやり始めたのは安倍首相のほうが先なんですよ。二〇一四年の段階で「朝日は誤報だ」というネガティブキャンペーンを張ってイメージ操作しているから、トランプ政権ができる前からすでにやっているんです。

その当時の朝日新聞の動向をよく見ると、その後、日本のメディアが安倍政権に屈するようになっていった図式が見えてくるんですよ。朝日新聞が、あんなふうに安倍政権に攻撃されているちょうど同じとき、ネット時代になってからの新聞の存在感の低下によって経営基盤が弱くなっているんです。同じ時期にこのふたつのことが発生しているわけです。

そこで、この時代に新聞が生き残っていくための方法として、調査報道をやめて、アクセス・ジャーナリズムで生きていこうとしたんじゃないか。つまり、記者クラブという従来の既得権益を守っていこう。既存の大手メディアの特権を大事に守っていこう。記者クラブのようなカルテル的情報の寡占状態の枠内で、ムダなく効率のいい取材で新聞を作っていこう。そういう方向性を選んだんじゃないでしょうか。

あのときの朝日新聞は、記事取り消しと政権からの袋叩き、信用失墜、部数低下という大きなダメージが矢継ぎ早に重なって、すっかり余裕がなくなったのでしょう。そんな状態では調査報道というリスクの高いことをするよりも、アクセス・ジャーナリズムに重点を置こうとしたんじゃないかと思います。

つまり、安倍政権とも協力関係を築いて政府への取材をしやすくしていこうとしたんじゃないか。その手始めが記事を取り消し、記者をスケープゴートにして、調査報道から手を引いて、安倍批判の手を緩めるということだったんじゃないかと私は見ています。

望月　安倍首相のほうも、そういう朝日の窮状を見抜いて、「いくら朝日だって、このまま安倍政権に逆らって潰されるよりは、生きていくためにこっちになびいてくるだろう」という読みがあって、徹底的に朝日を叩いてやろうとしていたのかもしれませんね。

ファクラー　安倍政権はメディアと仲良くしているように見えて、実は自分の都合でドライに利用しています。痛いツボを押したり、うまくアクセス・ジャーナリズムを利用して操作している。小泉首相以来、歴代の首相は、ぶら下がり会見が多かったでしょう。記者会見とぶら下がりによって、首相の声が国民に届いた。安倍首相も第一次政権まではそうしていました。

ところが、第二次安倍政権になってから、会見は少ないし、ぶら下がり会見はほとんどしない。国民が安倍首相の話を聞くのは、国会や選挙以外だと単独インタビューが多いですよね。それがメディアにとって一種のアメです。協力的なメディアにインタビューするチャンスを与え、非協力的なメディアのインタビューには応じない。考え方が非常にドライです。そうなるとメディアは首相とのアクセスが強いことが武器になるから政権に近寄ってくるというわけです。

実は、それが世界ではよくあるのです。政権が自分の命を守るためにメディアを利用しようとするのは当たり前です。そういう意味では、日本が普通になったという見方もできます。

政権のメディア掌握術

ファクラー 日本の新聞各社を見て不思議だと思うのは、記者クラブというカルテル的組織に同席していながらも、実は横のつながりが弱いことです。新聞社同士で連携して権力と立ち向かうという場面があまり見られません。朝日新聞は朝日新聞のアイデンティティを持ち、読売新聞は違うアイデンティティを持ち、同じジャーナリストであるという共通のアイデンティで横の連帯をするということがない。

日本のメディアは会社ごとに分断されています。その弱さを安倍政権がうまく利用している。読売新聞に特ダネをあげて、それを利用して朝日新聞を脅かすとかね。メディア同士にケンカをさせているわけです。政権がメディアを分断させて弱体化させている。そういう日本のメディアの構造的な弱さを感じますよね。

望月 それでいて、メディアのトップが安倍首相からお食事に誘われれば喜んで出かけていくんですよね。アメリカの大統領がニューヨーク・タイムズのトップとしょっちゅう仲良く食事をしているという話はあまり聞いたことがないですもんね。

ファクラー あまり聞いたことがありませんね。

望月　安倍首相は第一次政権のとき、メディア対策がうまくいっていなかったという反省に立って、第二次政権ではメディア戦略に力を入れました。そのための人材をブレーンに迎え入れて、安倍応援団をメディアに広げていきました。

特にテレビをどう使うか。テレビ局をどうコントロールしていくかを重視しました。その中で象徴的なのが、安倍首相がテレビ朝日を政権側に取り込んだことです。そのキーマンと言われているのが、安倍首相のメディア戦略のブレーンのひとりと言われている幻冬舎の見城徹社長です。

見城社長は安倍首相と親しいと同時に、マスコミに豊富な人脈を持っています。その中のひとりがテレビ朝日の早河洋会長です。見城社長はテレビ朝日放送番組審議委員会の委員を務め、現在は委員長職にあり、早河会長にも強い影響力を持っています。

朝日新聞と系列関係にあるテレビ朝日は、かねてから自民党政権に対して、とかく批判的な立場でしたが、見城社長は安倍首相と早河会長の仲を取り持って両者を接近させるという役割を果たしたと言われています。安倍首相お得意のお食事会を見城社長、早河会長、菅官房長官というメンバーで度々開いて、早河会長をすっかり安倍応援団のひとりにしたと言われています。

その結果、それ以前はテレビ朝日の報道系の番組でコメンテーターとして活躍していたリベラル派の浜矩子《のりこ》さんや姜尚中《カンサンジュン》さんといった安倍政権に耳の痛いことを言っていた人たちがテレ朝から排除されていきました。安倍政権批判の急先鋒と呼ばれていた元通産官僚の古賀茂明さんが「報道ステーション」の生放送中に"I am not ABE"と宣言し、テレビ朝日には一切お呼びがかからなくなったのは有名な話です。

これは私が古賀茂明さんから聞いた話ですが、「報道ステーション」の敏腕プロデューサーとして名高い女性が異動になってしまったり、しばしば安倍政権に辛口なコメントをしていた朝日新聞の恵村順一郎論説委員の降板も、同時期に決定したといいます。

テレ朝以外でも、TBS「NEWS23」では毎日新聞の岸井成格《しげただ》さんが事実上、解任され、NHKでは「クローズアップ現代」の国谷裕子さんも降板してしまいました。国谷さんは二〇一四年に政府が集団的自衛権行使容認を閣議決定したとき、「非常に密接な関係のある他国が強力に支援要請をしてきた場合、これまでは憲法九条が大きな歯止めになっていたが、果たして断りきれるのか」と菅官房長官に対しても鋭い質問を飛ばすジャーナリストでしたが、それが降板の一因だったとも言われています。

NHK、日本テレビ、フジテレビなどは、もともと安倍政権を敵に回すような報道はしない局でしたが、その中でも国谷さんのような気骨のある人がいるのは「テレビ局の良心」だったはずです。そういう拠点がどんどん崩れ、おまけにそこにテレ朝も加わる形になった。そして、朝日新聞と並んで安倍政権と距離を置いてきた毎日新聞と友好関係にあるＴＢＳも安倍政権に批判的なことはあまり言わなくなっていった。こうして安倍政権によるテレビ掌握がさらに強まっていったわけです。

ファクラー　安倍政権は、そういうところが上手ですよね。マスメディアのトップさえ抑えてしまえば、現場の報道はどうにでもなると思っている。つまり、権力のある者同士が利害を一致させれば、あとは下に向かって忖度の連鎖を生んで、自分の思うように周りが動く。そのために安倍首相はメディアのトップと毎晩のように会食をするんですよね。

望月　マスメディアといえども、ジャーナリズムであると同時に民間企業だから、その経営者としては、会社の利益を守るという務めもあると思います。ジャーナリズムだからと言って、なんでもかんでも権力と敵対しなければいけないという法はありません。時の政権との関係をキープして、自社のビジネスに有効活用できるようにしておきたいという目論見《もくろみ》を全否定するつもりはありません。

ただし、メディアのトップが、いつだれと会食をしても許されるとは思えません。特に部下である記者たちが「え？　こんなときに、社長は総理と飯食ってるの？」と思うようなことがあれば、健全なジャーナリズムが機能するでしょうか。

たとえば、二〇一七年五月二四日に安倍首相はテレ朝の早河会長と赤坂の料亭で会食しています。そこには篠塚浩報道局長と、首相番記者も同席しています。問題は、この日はどういう日だったかです。この翌日の五月二五日、文科省の前川前事務次官による加計学園疑惑について「総理のご意向があった」という告発会見がありました。このときはすでに「週刊文春」の報道を始め「前川さんの告発記事が出るらしい」という情報が一気に駆け巡っていました。そんなときに自分の局の会長が三時間も四時間も安倍首相と飲み食いしていたというのを「首相動静」で見つけたテレ朝の記者は、どう思ったでしょう。「もしかして前川発言をどう報じるかを相談していたんじゃないか」と思われても仕方ありません。

安倍首相のお食事会の様子は最近、ツイッターでも発信されています。「首相動静」というツイッター・アカウントやそのほかのツイッター投稿を見ると、いつだれと会食しているかというのがよくわかります。識者や財界人や芸能人と楽しそうに食事をしている写真があちこちでアップされています。国際政治学者の三浦瑠麗《るり》さんや山本一太参議院議員の名前が「総理！今夜もごちそう様！」というツイッター・アカウントにアップされているのを見ると、こういう人たちとネットワークを作ってるんだなというのがよくわかるんです。

そういう中に、政府に批判的だと思われていたメディアのトップが入っていたりすると、「なんだ。出来レースか」と思って見ている人たちもいるわけです。メディアのトップはそういうふうに見られることを自覚しているのか疑問ですね。特にテレ朝の五月二四日の夕食会はひどかったと思います。

安倍政権にひれ伏したテレビ局

ファクラー　第二次安倍政権になって、テレビの政治報道は本当に弱体化しましたね。新聞に比べてテレビのほうが、より一層、安倍政権に屈していったのは、二〇一四年一二月の総選挙前に、自民党副幹事長だった萩生田《はぎうだ》光一さんがテレビ局各社の番記者に文書を手渡したことがひとつのきっかけでしたね。
望月　はい。当時、総裁特別補佐だった萩生田光一筆頭副幹事長は、常に安倍首相のいちばん近くにいる側近中の側近です。彼が、総選挙の一カ月前、当時の福井照自民党報道局長と連名で、在京テレビキー局各社の編成局長・報道局長宛で「選挙時期における報道の公平中立ならびに公正の確保についてのお願い」という要望書を番記者に手渡しました。

その中では「公平中立」「公正」という言葉が何度も何度も繰り返され、「過去においては、具体名は差し控えますが、あるテレビ局が政権交代実現を画策して偏向報道を行い、それを事実として認めて誇り、大きな社会問題となった事例も現実にあったところです」と抗議して圧力をかけようとしています。

さらには「街角インタビュー、資料映像等で一方的な意見に偏る、あるいは特定の政治的立場が強調されることのないよう、公平中立、公正を期していただきたい」と言って、要するに、自民党に不利な放送をするなと脅しをかけているのです。安倍首相からの強い要望なのか。側近による得意の忖度なのか。いずれにせよ、権力による報道の自由への妨害行為です。

ファクラー　ちょっと信じられないぐらいひどい弾圧ですよね。アメリカだったら大問題になると思います。デイヴィッド・ケイさんという国連特別報告者が、言論の自由についての調査をするために日本に来たときのことです。彼がいちばん注目したのは、二〇一六年二月、当時、総務大臣だった高市早苗さんがテレビの報道について「放送事業者が放送法の規定を遵守しないという場合には（中略）行政指導を放送法を所管する総務大臣が行うという場合もございます」という発言をしていたことでした。

日本的に考えれば、「テレビ局に放送許可を出している監督官庁が総務省だから大臣として管理する権限がある」ということかもしれませんが、その大臣は政権に入っている政治家。つまり権力者です。政治的に中立の立場ではない人が、そういう許認可権を持っているということを国連特別報告者は指摘していました。「そのために新聞よりもテレビのほうが政権に対して弱い立場にあるというのが日本のマスメディアの構造的問題だ」と彼は言っていました。実際、日本では新聞よりもテレビのほうが政府の意向に影響されやすいですよね。

望月　デイヴィッド・ケイさんは、あのとき、記者クラブについても指摘していましたね。「日本の『記者クラブ』制度はアクセスと排除を重んじ、フリーランスやオンラインジャーナリズムに害を与えているので廃止すべき」と言っていました。

それにしても、あの萩生田文書のときに驚いたのは、安倍政権がこんな無茶なメディアへの介入をしてきたというのに、テレビ各局が表立って政府に抗議も反発もしなかったことです。これは総務省に電波法を握られているという構造的な問題も背景にありますが、こうしてテレビの選挙報道が少しずつおとなしくなっていったんです。そのうち「公正中立」を心がけて「賛成意見五人、反対意見五人」のようなVTRを作るのも次第に疲れてしまったのか、嫌気がさしたのか。とにかく、街頭インタビューなどの政治に批判的な報道そのものが選挙報道で見られなくなっていきました。

ファクラー　それもまた信じられませんでしたよね。そんな要望書が送られてきた時点で、各局は政府に猛然と抗議するのが本来のジャーナリズムでしょう。少なくとも「政権は、我々メディアにこんなものを送り付けてきた」ということを大きく報じるのがメディアの務めだと思います。

望月　まったくその通りです。ただ、現場の記者の中には「こんなのおかしい」と思っている人たちがちゃんといます。でも会社としてそういう姿勢になってくると、記者としては、ジャーナリストとしての正義感とテレビ局という会社の一員としての立場で葛藤があったと思います。

このころから「会社は政府とこういう申し合わせのようなことをしているようだけど、そんなのはジャーナリストがやるべきことではない」という問題意識を持った記者たちが、テレビも新聞もフリーやネットも含めて横のつながりで勉強会を開いたり情報交換をしたりするという動きが出てくるようになりました。

メディア各社には「このまま政権に対して何も言えないのはメディアの自殺行為だ」という危機感を持っている人たちはたくさんいるんです。そういう記者たちが会社や立場の垣根を越えて力を合わせていくことが、ファクラーさんも指摘した「メディアの連帯による権力への対抗」のひとつだと思います。

ファクラー　それは私も期待しています。私が書いた『安倍政権にひれ伏す日本のメディア』（双葉社）や『「本当のこと」を伝えない日本の新聞』（双葉社）という本を出したとき、真っ先に共感してくれたのは日本の若い新聞記者たちでした。彼らは日本のジャーナリズムについての問題意識を持っているし、ジャーナリストとしての強い使命感もあります。そういう人たちが日本の新聞を「政府のためのメディア」ではなく「読者のためのメディア」にしてくれるはずだと信じています。

＊1　財務省による公文書改竄

安倍首相夫妻の関与が疑われる学校法人「森友学園」（大阪市）への国有地売却をめぐり、朝日新聞は二〇一八年三月二日に、財務省が省内で作成した決裁文書が、原本にあった首相夫人の記載などが削除されたり、書き換えられた疑いがあると報じた。これがきっかけとなり、公文書管理体制自体のずさんさと政府の説明責任が一段と追及されることとなった。

第七章　政権批判がメディアを活性化する

財務省文書改竄で見えてきた安倍政権の本性

望月　森友・加計疑惑は、「安倍晋三とは、どんな総理大臣か」ということをまざまざと国民に見せつける役目を果たしました。安倍首相は、かねてから憲法改正が悲願であり、安保法制や教育基本法改正を推し進めるのは、「日本をダメにした戦後民主主義の過ちを正したいというのが、きっとこの人の信念なんだろう」と思って見ている人は多かったと思います。

ところが、そういう思想信条とはまた別に、森友・加計疑惑によって、もっと人間臭い部分で安倍首相の政治姿勢がどんどん浮き彫りになりました。自分の権力が強まると、自分が好きな人を集めて好きなように法律を作れるだけでなく、自分や妻のお友だちのために権力を使い、それを批判されても、身の回りの世話をしてくれる人たちが忖度して片づけてくれる。国民や報道の自由は束縛したがるけれど、自分の妻は自由にさせすぎて持て余してしまう。それでまた目障りなマスコミやうるさい国民が騒ぎだしても、身の回りの人たちが一生懸命に火消しをしてくれるから、自分は日本国家のために信念を貫いて進んでいこう……。

安倍長期政権を望む人たちは「総理は小さい問題は気にせず、国家のために全力を尽くしてください。モリカケなんて、すぐ終わりますから」と思っていたかもしれないけれど、一年たっても終わるどころか、財務省文書改竄問題まで発覚して、騒ぎが余計に大きくなってしまいました。

なぜ財務省の官僚は改竄などしたのか。この件の責任者だった人間として証言台に立った佐川宣寿《のぶひさ》前国税庁長官は「私以下、理財局の判断でやったこと」と、あくまでも「上からの指示は一切なかった」と言い張りましたが、どれほどの国民が信じたでしょう。加計学園疑惑で「総理のご意向文書はあった」という告発をした文科省の前川喜平前事務次官は、「あのような決裁文書の改竄を役所の組織が自分たちの判断でやるはずがない。よほどの事情がないかぎり、刑事責任を問われるような不正はしないし、違法だとわかっていることに手を染めることはない。政治的な力が働いたとしか思えない」と喝破しています。どう考えても、安倍首相への官邸の意向が働いたとしか思えません。

ファクラー　それでもなお、安倍首相は「このような問題が二度と起こらないように徹底的に膿《うみ》を出しきる」と他人事みたいな言い方をしていたところがすごいですよね。一応、「行政の長である私の責任です」とは言うけれど、「私がやらせたわけではないし私は悪くない」と言わんばかりでしょ。せめて「政府のためによかれと思ってやってくれたのだろうけど、よくなかった」とでも言えば、「安倍さんも、ちょっとは反省してるのかな」と思うけれど、「膿みたいな部下が悪いことをした」と言っているのと同じですよね。あれでは「本当の膿はだれだ！」と突っ込みたくなりますよね。

望月　佐川さんが証言したとき、文科省前事務次官の前川さんは、こう言っていました。

「佐川さんは辞任後も国家公務員の思考回路と行動パターンのまま政府に忖度して、本当の責任の所在を告発しようとはしなかった。私自身も官僚時代は首相官邸に忖度しながら国会答弁をしていたが、辞めてからは政治的配慮や組織優先の呪縛から放たれ、ひとりの国民としてすべてを語ることができた。佐川さんも真相を話せば、国民の期待に応えられたし、本人も苦しい胸の内を明かして楽になれるはずなのに残念だ」

国民の間には「佐川さんが前川さんみたいに、すべてぶちまけてくれたらいいのに」という期待の声がありましたが、佐川さんは政府を守るために自らが泥をかぶるという道を選びました。安倍政権に逆らえばどんな怖い目にあうかということをよく知っているからでしょう。

じゃあ、実際に安倍政権に反旗を翻した前川さんが、いったいどんな目にあったのか。私は直接、前川さんに話を聞かせてもらうチャンスが何度かありました。それは、聞けば聞くほど「安倍政権は、そこまでやるのか」と驚くような話ばかりでした。

前川さんは加計学園疑惑の内情を知る立場にあった人間として「政治によって行政がゆがめられている」という義憤を抱いていましたが、二〇一七年五月に最終的に告発に踏み切ったのは、安倍政権側が前川潰しに動いたことでした。前川さんが「総理のご意向文書」を明らかにするらしいという情報をつかんだ官邸が、先ほども触れましたが読売新聞に「前川前次官は出会い系バー通い」という記事を書かせたのではないかという疑念が湧いたからだそうです。「あの報道が出たことで完全に吹っ切れました。これは官邸によるリークだと確信し、もう忖度する必要などない。ドン・キホーテになってもいいから、国民に真実を伝えようと思いました」

前川さんはそう言っていました。

政権に逆らう人間を潰す方法

ファクラー　文科省官僚のトップだった前川さんが勇気を持って立ち上がったことは、「総理のご意向文書なんていうのは怪文書だ」と切り捨てて逃げ切ろうとしていた官邸にとって大打撃でしたね。菅官房長官は官邸を守るために「前川は、いかがわしい人物だ」という印象を与えようと必死でしたよね。

「天下り問題を隠蔽した責任者であり、辞任の際も地位に恋々としがみついていた」とか、「不正の温床となるような出会い系バーに通うなどというのは、教育行政の責任者にあるまじき行為だ」とかね。あのタイミングでそんな記事が出てきたのは前川潰しのためだろうと、だれでも察しはつきます。でも、それを前川さん自身が「官邸のリークだと思った」と言うのはどういうことだったんですか？

望月　前川さんは事務次官在任中だった二〇一六年の秋、杉田官房副長官に呼び出されて、出会い系バー通いを指摘され、注意を受けたと言っていました。つまり、前川さんが出会い系バーに行っていることを官邸は把握していたのです。

朝日新聞が「加計学園について総理のご意向文書があった」と報じてから三日後の五月二〇日、前川さんの携帯電話に読売新聞の文科省担当だった記者からショートメールが来て「出会い系バー通いについて話を聞きたい。明日、記事にするかもしれない」と言うんです。前川さんが返信せずにいると、次の日またその記者からメールが来て、店名やこういうことをしていないか？　など詳細な質問をぶつけてきたそうです。それにも返信しないでいたら、今度は文科省の後輩で、当時、藤原誠初等中等教育局長（現・官房長）からのメールが入り、「和泉洋人首相補佐官が会って話したいと言ったら、応じるか」と打診してきたと言うのです。

和泉首相補佐官というのは、国交省出身で安倍首相の側近。「影の総理」とも呼ばれている実力者です。前川さんは、事務次官在任中、和泉補佐官に呼び出されて、まさに加計学園獣医学部の新設について対応を早めるように指示されたと言っています。和泉補佐官本人は国会で全面否定していますが、前川さんは和泉補佐官にこう言われたそうです。

「文部科学省の手続を早く進めよ（中略）総理が自分の口からは言えないから自分がかわって言うんだ」

そんなことを文科省の事務次官に指示することができる官邸の主要人物が、「和泉補佐官が会って話したいと言ったら応じるか」というメールを部下に書かせているのです。これは、前川さんが読売の記者のコンタクトに応じなかったから、いよいよ官邸が切り札を切ってきたということでしょう。前川さんは「読売の質問と和泉補佐官の打診は連動していると感じた」と言っていました。総理のご意向文書など表に出さず、おとなしくしていろ。さもなくば、おまえを潰すという意味でしょう。

前川さんは、その後輩からのメールに対し、「ちょっと考えさせてください」と返信し、それ以降は連絡を取り合わずにいました。すると、結局、翌日の五月二二日、読売新聞は社会面で「前川前次官　出会い系バー通い　文科省在職中　平日夜」と報じました。繰り返しますが、前川さんは、「読売の記者の出会い系バーの質問と、和泉補佐官からの面会の打診は連動していると感じた」と言っています。これが、官邸のリークによる記事だと確信した経緯です。

そして、読売の記事の三日後、五月二五日に前川さんは記者会見を開き、「総理のご意向文書は、たしかに存在した。あったものをなかったことにすることはできない。政治によって行政がゆがめられた」と、すべてを明かしました。

ファクラー　いまの望月さんの話を聞いた人は私を含め、だれもが「それは官邸のリークにちがいない」と確信するでしょう。あのとき、読売の「出会い系バー通い」記事には読者からたくさんの批判があったようです。他のメディアからも、官邸のリークを指摘する声がありましたね。「読売は、とうとうそこまでやったのか」という声があがりましたね。

望月　そういう声に対して読売側は苦しい言い訳をしています。六月三日に原口隆則社会部長による、こういう主旨の記事が掲載されました。「独自の取材で、前川氏が売春や援助交際の交渉の場となっている『出会い系バー』に頻繁に出入りしていたことをつかみ、裏付け取材を行った。次官在職中の職務に関わる不適切な行動についての報道は、公共の関心事であり、公益目的にもかなう」。

ファクラー　もう読売新聞は完全に安倍政権の御用メディアだと自らアピールしているようなものでしたね。このころ、それが一層、顕著になっています。ちょうど同じ二〇一七年五月の憲法記念日に読売は一面で「憲法改正20年施行目標　9条に自衛隊明記」という安倍首相の改憲についての私案を基にした記事を掲載しています。これは、きわめつけでした。なんといっても安倍首相本人が、その五日後、衆議院予算委員会で野党議員の憲法改正についての質問に対し「自民党総裁としての考え方は相当詳しく読売新聞に書いてありますから、ぜひそれを熟読していただいてもいいんだろうと」と答弁しました。

読売新聞は、まるで安倍首相の広報機関のような記事を載せ、安倍首相は国会の場で読売新聞の宣伝をする。こうなったら安倍さんも読売も、もうおかまいなしですね。政権とジャーナリズムの緊張感のある関係なんてどうでもいいと思っているんでしょう。自分たちの主義主張の正当性をアピールするためには何をやってもいいんだという姿勢です。

その一方で、自分たちの主義主張を批判するような連中は国家の敵だと言わんばかりです。安倍首相は、日本に健全なジャーナリズムが存在するべきだということなんか一切、考えていないかのようですね。もしかしたら「立派な権力者が正しいことをするためには報道の自由や言論の自由などたいした問題じゃない」と思っているのかもしれませんね。

とにかく自分が信じた政治を思うように進めるための道具をたくさん持っているのがいまの安倍政権であって、官僚も国会もメディアも、すべてそういう道具としてとらえているかのようです。そのアシストをメディアが喜んでやってしまうというのが信じられません。

もしワシントン・ポストやニューヨーク・タイムズが、読売と同じようなことをしたら、記者たちがまず猛烈な反対をするでしょう。トランプ政権では、前にも触れたブライトバート・ニュースやFOXテレビが完全にトランプ応援団になっていますが、見るほうもそれははっきりわかっていますからね。

トランプ政権支持派以外の人はブライトバート・ニュースやFOXテレビをジャーナリズムとは見なしていません。トランプ政権の広報誌だと思っています。日本では産経新聞がそれにあたるんじゃないかという話が出ましたが、読売新聞のほうがブライトバート・ニュース化しているところがありますね。

トランプ大統領のおかげで部数を伸ばしたアメリカの新聞

望月　もし「公平・中立というマスメディアの建前を捨てて、安倍政権の主義主張を支持する」と宣言するなら、それはそれでわかりやすいし、それを熱狂的に支持する人たちにお客さんになってもらうという生き方もあるのかもしれません。その一方で朝日新聞を始めとする政権に厳しい監視の目を向けるメディアがあって、それを支持する人たちもいるという図式になっていくんでしょうか。

ファクラー　アメリカはすでにそうなっていますね。トランプ大統領が出てきてから、アメリカの大手既存メディアは、みんな盛り上がっています。トランプ大統領に「フェイク・ニュース」と呼ばれれば呼ばれるほど、各社ともトランプ政権批判に力を入れて報道し、そういう刺激的な報道が多くの人たちに受けているのです。

新聞で言えば、ニューヨーク・タイムズとワシントン・ポストが競い合うようにトランプ政権内の問題についてスクープを飛ばしています。この二紙が先頭に立って、毎日のようにトランプ政権にとって望ましくない記事を大きく載せることで、多くの読者に支持されています。

新聞の売り上げで言うと、二〇一七年三月時点でニューヨーク・タイムズのデジタル版有料読者と紙の新聞を合わせた購読者数は過去最高の三〇〇万件を超え、その数は増える一方です。ワシントン・ポストも売り上げ好調です。ある意味でトランプ大統領のおかげで読者が拡大したのです。

これは、トランプ政権に対して批判的なメディアは政府とのアクセス・チャンネルが切られてしまったせいで調査報道で勝負するしかないという状況に立たされたからです。それがジャーナリズムをアグレッシブにさせ、ジャーナリストを積極的に突き動かしているのです。それが紙面を活性化させ、読者の支持を広げていったわけです。

もっと具体的に言えば、記者たちが調査報道に力を注ぐ中で、各社が必死に取材の協力者を探し出している。つまり、内部告発者を探り当てて、さまざまな情報を入手してトランプ政権にとって都合の悪いスクープを飛ばしているのです。

その対応策というか対抗手段として、トランプ大統領やトランプ政権の報道官は記者会見で質問を受けるときに、既存の主要メディアの記者が手を挙げても指名しないこともあります。たとえば、従来のホワイトハウスの会見の慣例では、最初にＡＰ通信の記者が質問して、だんだん他社に広がっていくという感じなんですが、トランプ政権の報道官はＡＰ通信の記者が手を挙げても、そっちに顔さえ向けないことがあります。

では、だれを指名するかと言えば、自分を熱狂的に支持しているブロガーやブライトバート・ニュースなどのニューメディアの記者に質問させるんです。そのブロガーや記者は当然のようにトランプ大統領が機嫌よく話せるテーマについて質問を向ける。そういうトランプ支持派たちがホワイトハウスの会見にどんどん呼び込まれていて、記者会見の価値がどんどん下がっているという悲惨な状態になっています。「トランプ大統領の素晴らしい点はどういうところですか？」とか、プロパガンダめいたことばかり聞いて、まともなジャーナリストの取材の邪魔をしているというわけです。これは、政権が意図的にやっていると思います。まともな質問を邪魔するのが政権の狙いでしょう。

一方で、ホワイトハウスの中にもトランプ大統領を快く思っていない人たちやトランプ政権に危機感を持っている人たちが結構いるので、そういう人たちが内部告発者となってメディアの取材に協力しています。トランプ政権の高官たちが次々に首になっているのは、そういうことが原因になっていることもあるのです。

こうしてアメリカの既存の主要メディアは、積極的な調査報道によって権力を監視するというジャーナリスト本来の役割を果たし、それが多くの人たちに評価されているというわけです。

望月　日本の新聞もそうありたいですね。アメリカではトランプ大統領を批判すればするほど新聞が売れているということを考えると、日本の新聞が政権に忖度したり屈したりするのは、むしろ新聞が売れなくなるためのことを自らやっているようなものだと思います。もちろん売るために批判するという意味じゃなくて、ちゃんと権力をチェックするというジャーナリズム本来の役目を果たそうということですけど。

ファクラー　日本の新聞も本当は政権に屈することなく闘う力を持っているはずなんですよ。別に忖度する必要も屈する必要もないのに、わざわざそうしているように私には見えます。それは、前にも少し触れた国連特別報告者のデイヴィッド・ケイさんが日本に来たときの感想も同じようなものでした。

あのとき、総務大臣だった高市早苗さんがテレビ放送の許認可権を盾にテレビ報道に圧力をかけるような発言をしたことを問題視したデイヴィッドさんに、高市さんは会おうとしませんでした。

さらにNHKの会長も朝日新聞の社長もデイヴィッドさんに会いませんでした。アメリカやヨーロッパであれば、少なくともメディアの代表は彼に会って、せめて意見交換したり自分たちの報道の経緯や目的を説明したりするでしょう。彼は各国の言論の自由を守るために活動をしている人ですからね。

ところが、日本では政府の報道機関担当者やメディアのトップはだれも彼に会わない。これは、とても不思議なことでした。おそらく「会いたくない」のです。「会うと都合が悪い」ということがあるからでしょう。まるで「会って言論の自由について何かしゃべると政権ににらまれる」とでも思っているかのようでした。それが彼の目にも私の目にも、どうも萎縮して見えるのです。

新聞がアグレッシブな報道ができない根深い理由

望月　デイヴィッドさんと話したニューヨーク・タイムズのジョナサン・ソーンブル記者を取材したときにも、日本のジャーナリズムはとても不思議だと言っていました。ソーンブル記者曰《いわ》く、デイヴィッドさんはタジキスタンの報道の状況について調査したあとに日本に来たんですが、二カ国を比較して、こう言っていたといいます。

「タジキスタンは政府に批判的な報道をすると逮捕されたり投獄されたりする。そういう目に見えた言論弾圧や報道の自由への侵害をしているので、報告書はすごく書きやすい。ところが、日本の場合は、そういう目に見える弾圧があるかといえば、どうもはっきりしない。現場の記者たちにいろいろ話を聞いてみると『報道の自由が侵害されていると感じることはある』というわけです。『じゃあ具体的にどういう弾圧を受けているのですか?』と聞いても、『なんとなくそういう空気がある』という答えが多くて、どうも報告書が書きにくいのです」と。

つまり、政権への「忖度」なんですよね。直接的な弾圧は受けていないけれど、目に見えない力が働いて自由な報道が妨げられている感じはある。政権に対して批判的なことを書くと、取材しにくくなったり、アクセスを切られたり、排除されたりするかもしれないから空気を読んで慎重な報道をするという忖度ですよね。

ソーンブルさんは、その忖度や空気を生んでいるのは、テレビの場合は総務大臣の許認可権であり、新聞の場合は記者クラブ制度の存在が大きいのではないかと指摘していました。

ファクラー　その指摘は当たっていますよね。ただテレビよりも新聞は政権に対して強いはずなんです。テレビは許認可権の問題に加えて、視聴率やスポンサーという問題があります。できるだけ娯楽性を高めて視聴率を稼いでスポンサーに高く買ってもらう。あるいは、電通や博報堂にビジネス・パートナーとして力を貸してもらう。テレビは、そういう外部の力の影響を受けやすいために、それが圧力団体のような存在になったりして、政治的な面で弱いところがあります。でも、そういういろいろな弱点を持ったテレビに比べて、新聞は制約が少ないはずなんです。もちろん新聞にも広告収入は必要だけれど、テレビに比べれば小さなものです。

それでも日本の新聞がアグレッシブな報道をあまりしようとしないのは、いくつか足枷《あしかせ》があるからだと思います。まず何度も話題に出ている記者クラブ制度の既得権益に守られているほうが安全で仕事がしやすいという新聞社の事情があります。

本来、ジャーナリズムは専門職です。ジャーナリストとしてのプロ意識や倫理観や理想を持って権力にも立ち向かうために、自らの足元をしっかりさせていなければ務まらない職業です。たとえ権力に攻撃されても揺れない、専門職としてのアイデンティティが大切です。アメリカの記者は基本的にそういうジャーナリズムの姿勢を学ぶ専門課程を経てから取材現場に出ています。

もちろん日本の新聞記者にも強い正義感や問題意識を持っている人たちがたくさんいますが、会社の論理にもあまり逆らえないサラリーマンでもあるのです。全国紙の新聞記者は、世間的に見れば、とてもいい仕事です。東大や早稲田や慶応を卒業して読売新聞や朝日新聞、毎日新聞という一流企業に選ばれて入ったエリートたちです。

つまり、日本の大手新聞の記者はジャーナリストであると同時に、高い年収や恵まれた職場環境を与えられているエリート・サラリーマンでもあるのです。そういう境遇にある人が保身を考えるのも無理はありません。

ジャーナリスト魂に燃えるあまり、リスクを冒して恵まれた職場を投げ捨てるような真似《まね》をするのは賢明な生き方だとは言えないでしょう。だから日本の新聞社は転職しようとする人が非常に少ないですよね。居心地のいい会社にずっといたいと思う人が多ければ、アグレッシブになりすぎないほうが無難ですからね。ここにもひとつの足枷があると思います。

望月　たしかにアメリカの新聞記者は会社を移ったり独立したりする人が多いですよね。編集局長までやった人がライバル会社に移ったり、ニューメディアの会社を立ち上げたりしてますよね。日本だったら編集局長までなると、「このままいれば社長になれるかもしれないのに、わざわざ辞めるわけないよな」という感じだから、日米のジャーナリズムに対するスピリッツの差はたしかにありますね。

ファクラー　アメリカの場合は、いったん移籍したり引き抜かれたりしても、そこでいい仕事をして、また戻ってくるという人が結構いるんですよ。戻ってくるときは収入もポジションもさらに上がっていくという。そういう文化があるから、むしろアグレッシブじゃないと上がっていけないんです。

望月　ファクラーさん自身も、AP通信からウォール・ストリート・ジャーナル、そして、ニューヨーク・タイムズに移ってますよね。

ファクラー　ニューヨーク・タイムズからも一度離れて別のところにいました。元朝日新聞の船橋洋一さんが立ち上げた「日本再建イニシアティブ」というところの主任研究員を二年ほど務めていたんです。その後、またニューヨーク・タイムズに戻りました。以前は東京支局長でしたが、復帰してからは北東アジア全体の編集を担当しています。

望月　なるほど、また偉くなったんですね。

ファクラー　たいして偉くはないですけど、そんなふうにアメリカのジャーナリストは自分でステージを変えて活性化していくのは日常的なんです。会社のアイデンティティなどより、ジャーナリストとして共有する倫理観や価値観を大切にしていくほうが大事ですね。

情報にアクティブなネット時代の読者

ファクラー　アメリカにはアメリカの新聞の文化があるし、日本には日本の新聞の文化があるから簡単に比較はできません。ただ、記者クラブ以外にも日本独自の旧来型のシステムがあって、それが時代に合わなくなっている部分はあると思います。

日本の新聞社は上場企業が少ないから数字的な内情があまり見えないけれど、いま経営基盤が強いと言える会社はあるでしょうか。このネット社会の中で「紙からデジタルへ」というのは新聞というメディアの世界的な趨勢ですが、日本は少し立ち遅れています。

その足枷のひとつとなっているのが販売店による配達制度です。一般社団法人日本新聞協会によると、二〇一七年の新聞記者数は一万九三二七人ですが配達に携わる人の数は三〇万九〇九人。記者の約一六倍です。この人たちの雇用を考えると、簡単にはデジタル化もできないという面があります。

望月　日本の新聞社はＳＮＳの活用の仕方が遅れています。各社ともツイッターで情報を集積したり、デジタル版でいち早くニュースを発信したりということも進んできましたが、いまだに、「あまりネットが先行すると新聞が売れなくなるというクレームが販売店から出るから」という声も残っています。

その一方では、新聞のデジタル版とＳＮＳの連動によって、読者のニーズのほうが先へ先へと進んでいって、新聞がそれを追いかけるという現象も起こっています。

ファクラー　ネット時代以前と以降では、そこが大きく違います。特にアメリカでは、読者の記事の読み方も変わったし、記事の伝え方も変わった。読者と書き手の接触の仕方も大きく変わりました。ニューヨーク・タイムズ、ワシントン・ポストなどアメリカの新聞社は名前は昔と同じでも、やっていることはぜんぜん違います。

取材して記事を書くというジャーナリズムの基本は同じですが、ＳＮＳという読者との接点が記事の内容に影響を与えています。つまり読者からの情報や読者のニーズということに記者が反応できるという双方向性が大事です。

前にも言いましたが、アメリカの新聞はすべて署名記事になってきて「I」つまり「私」が書いていることを示しています。そういう中で、たとえば、いまホワイトハウス詰めの記者のマギー・ハーバーマン、ジュリー・デイヴィスといった女性が人気者になっています。その要因は、紙の媒体のときにはできなかったデジタルならではの記事の作り方にあります。映像も入れたり、記者日記のような書き方をしたり、読者の疑問や問題提起にすぐに答えたり、いろんな新しい書き方で読者をつかんでいます。

ネットというのは非常にアクティブな媒体で、受け身のままで満足する人はあまりいないんですよ。読者は自分たちがほしい情報を手に入れようとして、ＳＮＳとネット情報を縦横に行き来しています。情報を受け取る形の前提が昔と変わりました。ニューメディアの技術革新にともなって、ストーリーの伝え方も変わるんです。昔の紙とラジオの時代も、テレビができてまったく変わった。読んで聞いてニュースを知るだけだった人たちが「早く映像を見せてくれ」というふうになった。それが今度は、新聞、ラジオ、テレビのニュースを受け身で待っていた人たちが、自分のほうからアクティブに情報を取りに行く時代になったんです。

望月　日本の新聞が、そういう読者のニーズにどう応えていくか。アクティブな読者に対し、新聞のほうもいかにアクティブに情報を伝えていけるか。そういう勝負になってきたということですね。

第八章　ネット時代における報道メディアの可能性

なぜ日本では新しいメディアが出てこないのか

ファクラー　最近の日本のメディアを見ていて、いちばん不思議だと思うのは、新しい報道機関が出てこないことです。もうずっと前から存在している大手メディア各社が、いまなお日本の報道の中心となっています。これは世界的に見ても非常に珍しいことです。アメリカやヨーロッパ、韓国などでは、そういうことはありません。

ためしに「あなたの国で、もっとも国民に影響力のあるメディアのトップ10の名前をあげてください」というアンケートを二〇年前の日本といまの日本で行ったらどういう結果になるでしょう。ＮＨＫ、読売新聞、日本テレビ、朝日新聞、ＴＢＳテレビ、毎日新聞、フジテレビ、テレビ朝日、日本経済新聞、共同通信……。人によって多少の入れ替わりはあるかもしれませんが、この結果は二〇年前もいまも、ほとんど同じものになるでしょう。

ところが、これがアメリカだったら、二〇年前といまではまったく違う結果になると思います。二〇年前には存在さえしなかったメディアの名前が入ってくるはずです。昔からあるニューヨーク・タイムズやワシントン・ポスト、ＣＢＳやＣＮＮと並んで、新たにプロパブリカや

ＩＣＩＪ、バズフィードといったネット上のニューメディアの名前が入ってくると思います。つまり、日本の既存の主要メディアは、いまだに既得権益を守ったままで、ニューメディアの新規参入が進んでいないのです。それが、新聞を始めとする日本のメディア全体の停滞につながっていると思います。

望月　ネット時代に入って、そういう日本のオールドメディアは、さまざまなニューメディアを取り込んで新しい報道の形を模索してはいますが、ファクラーさんが言う通り、たしかにメディアの顔ぶれは相変わらずです。

私は各地へ講演に出かけたときなどに、よく大学生たちと日本のメディアについて意見交換をする機会があるんですが、若い人たちは、やっぱり既存のメディアに対して冷めた目を向ける人が増えているのを感じます。「マスコミはモリカケモリカケって騒いでるけど、しょせん記者クラブと政権のプロレスショーみたいなものでしょ？」とか、「一部の安倍嫌いなメディアの人たちの遠吠《とおぼ》えでしょ？」みたいなことを言われることが多くなってきていて、とても危機感を持っています。

もちろん私を含め本気で問題意識を持って、ガチンコで政権を追及している記者はたくさんいますが、なかなかそう信じてもらえない時代になっているんです。だから、講演で出会った人たちだけでなく、マスメディアに不信感を持っている人たちに向かって、どうやって情報を発信していくべきかをいつも考えています。新聞記者として取材現場で見聞きしたことを紙面を通じて読者の皆さんに伝えているだけでは十分ではない。記者と読者が双方向で問題意識を共有したり意見交換したりできるツール、つまりSNSやニューメディアを使って、取材現場で見聞きしたことをもっと広範囲に、しかも深く伝えていかなければいけないと思っています。

ファクラー　情報通信社会が変わって、産業構造が変わって、世の中がいろいろ変化したのに、マスメディアだけが昔のままだから、国民の関心がちょっと離れてしまった感じがしますよね。ネット社会に応じたダイナミックな形で人の関心を引くような新しいメディアの出現が日本では待ち遠しいですね。

日本に先駆けてネット時代のニューメディアが台頭しているアメリカのケースを少し紹介したいと思います。ネット系のニューメディアで、もっとも広く支持されているひとつは二〇〇七年にポール・スタイガーという元ウォール・ストリート・ジャーナルの編集局長が作ったプロパブリカです。独自の調査報道をしてネットでその記事を広く読者に読んでもらう。記事の内容としては権力の監視や社会問題の追及が中心です。国民の知る権利に寄与し、社会に貢献するためのＮＰＯが新ネット・メディアとして高く評価されています。

もともとアメリカには歴史的に一九七〇年代から調査報道を専門とするＮＰＯのような団体がありました。非営利団体であり、ある意味で公的な報道機関なので、広告を出す企業からの圧力もないし、親会社の事情に報道内容が影響を受けるようなことはありません。もちろん政府への忖度とか過剰なアクセス・ジャーナリズムなどとは無縁な独立組織による公平公正な報道が目的です。ただ、問題は「だれがお金を出すの？」という点です。報道の自由も知る権利もただでは守れません。そこで、現実的には募金を呼びかけたり、善意のスポンサーを探したりするしかありません。

プロパブリカの場合は、最初の三年間、毎年一千万ドルと言われる巨額な寄付を受けていました。社会的に高い評価を得られる調査報道をするためには、優秀な記者を雇い、どんなに取材費が嵩んでも綿密な調査を長期にわたって行う必要があります。

望月　日本にも大金持ちはいるわけだから、そういう調査報道をする組織をジャーナリストのだれかが立ち上げて、寄付をお願いするということができたらいいですけどね。おそらくアグレッシブな調査報道をしようと思ったら裁判所との勝負にもなったりするから、日本の資産家はやりたがらないでしょうね。

ファクラー　それと、やっぱり日本の場合は、既得権益VS新規参入となった場合、圧倒的に既得権益が守られるシステムがありますからね。それは堀江貴文さんがニッポン放送を買収しようとしたときに既存メディアのボスたちが完全にそれを潰したことを思い出せば容易に想像できますよね。それから既存の大手メディアの優秀なベテランが独立してベンチャー的な調査報道会社を作るというリスクが取れるのか。まずそういう障壁を乗り越えなければいけませんね。そういうことにチャレンジしていくジャーナリストとお金持ちが協力して、日本のメディアを変えてくれる日が早く来てほしいと思います。

アメリカの場合、プロパブリカの誕生以前に、一九七五年にＩＲＥ（Investigative Reporters and Editors）というアメリカで最初の調査報道を行うための協会ができています。ここが牽引《けんいん》車《しゃ》となって、調査報道のスペシャリストを育てていったことが大きいのです。この団体はミズーリ大学のサポートを受けて記者の人材育成に力を入れてきました。ジャーナリストの専門的な訓練によって調査報道のための取材力を身につけさせる機関として定評があるんです。

その後、一九七七年にＣＩＲ（Center for Investigative Reporting）という非営利団体の報道機関ができました。ここは現在"Reveal"という名前になっていますが、約六〇人の記者と編集者で運営され、ネット・メディアとして活躍しています。ＣＩＲを作ったのは、ローウェル・バーグマンなど、後で有名になった調査報道のジャーナリストでした。

ちなみに、バーグマンさんが有名になったきっかけは、一九九九年の、アル・パチーノが主演した『インサイダー』という映画でした。この映画は実話で、アル・パチーノが主演した役は、ローウェル・バーグマンがＣＩＲを辞めた後の、ＣＢＳの人気ドキュメンタリー番組〝60 Minutes〟の調査報道によるスクープを描いたものです。たばこ会社の内部告発者から得たニコチンについての不正問題がテーマでした。ＣＩＲは非常にいい調査報道をしており、アメリカ海軍が原子力潜水艦や原子力空母の事故を隠蔽しているという疑惑を報じ、ニューヨーク・タイムズなどがその追跡取材をして社会に大きな波紋を投げかけるメディアの先陣を切っています。

一九九七年に発足したＩＣＩＪ（国際調査報道ジャーナリズム連合 International Consortium of Investigative Journalists）は二〇一六年に世界を揺るがせた「パナマ文書[*1]」を公表した組織です。六五カ国一九〇人の記者が活躍している国際的なメディアです。その他にも、二〇〇六年にカリフォルニア州のバークレーにＩＪＰ（調査報道プログラム Investigative Journalism Program）が作られています。ここは、カリフォルニア大学をベースに調査報道をすると同時に、大学生を調査報道で活躍する人材に育てるプログラムも行われています。先ほど紹介したローウェル・バーグマンが作ったプログラムです。

望月　アメリカの調査報道の層の厚さは、そういう歴史から来ているんですね。ファクラーさんが「調査報道こそジャーナリズム」と強調している意味がよくわかります。

ファクラー　そんなジャーナリズムの分厚い歴史と文化から生まれるべくして生まれたのが、先ほどからお話ししているプロパブリカです。ネット時代のニューメディアの中で「世界でもっとも成功した例」として、世界のジャーナリズムの指針となり世界中のジャーナリストの目標となっていると言ってもいいでしょう。

プロパブリカは調査報道専門の記者が常時三〇から四〇人ほどいて、日々、取材活動を展開しています。ニューヨーク・タイムズやワシントン・ポストの記者に比べても、調査報道においてはアドバンテージがあるほどです。なぜならニューヨーク・タイムズやワシントン・ポストの記者は社会的に注目されている事件の報道や政府の記者会見といった日常業務もあるので、「この調査報道一本に専念する」というわけにはなかなかいきません。プロパブリカはスポンサーの寄付による潤沢な資金があるので、調査報道にかける資金と時間は豊富にあります。その成果として、二〇一〇年にはネット系メディアとして初めてピューリッツァー賞を獲得しています。

韓国のネット・メディアが日本よりも進んでいる理由

望月　ネット・メディアのビジネスモデルがアメリカ以外で成立している国はどこですか？

ファクラー　日本に身近な国の中では、韓国のネット系のジャーナリズムは日本よりも進んでいますよね。これは韓国の政権とメディアの関係性という特殊な背景によるところも大きいと思います。韓国の政治情勢は日本に比べて緊迫した状態が長くあったので、市民の声を反映させようとした人たちの発信力や団結力といったパワーのひとつとして、ネット社会が日本より先に発展したという面があると思います。

韓国もかつては日本と同じような記者クラブ制度がありましたが、廃止されています。そのきっかけは、二〇〇二年の大統領選挙前に野党の盧武鉉《ノムヒョン》候補を支持する人たちと、与党候補支持者が左右真っ二つに分かれたときでした。そのとき、盧武鉉候補を支持する市民グループが新しいネット・メディア"Oh my News"で情報発信したことが、盧武鉉大統領の誕生に大きく影響を与えたと言われています。

その後も韓国にはネット系ニューメディアが複数登場し、韓国の政治だけでなく経済や社会問題、スポーツや芸能など、あらゆる情報発信がニューメディアから行われ、国民はネット・

メディアを中心に情報を得るようになっていきました。つまり、既存のメディアは変革を迫られ、記者クラブは成立しなくなったのです。

しかし二〇〇八年、保守の李明博《イミョンバク》大統領が政権を奪取すると、"Oh my News"は政権の目の敵にされ、保守系の大手新聞からも攻撃されました。李明博政権は既存の大手メディアであるKBSや聯合《れんごう》ニュースなどのメディア支配を強めようとしましたが、その結果、政権に批判的な記者が解雇されたり、記者自ら会社を飛び出したりという現象が起きました。

そこで、「反李明博政権」のジャーナリストたちが新しいネット・メディア「ニュース・タパ（ニュース打破）」を立ち上げました。調査報道を専門にして、政権の監視役としての務めを果たすことを目的とした有料のサイトを運営したのです。ニュース・タパは、約三〇人の記者が調査報道に携わり、週二回ネット上で動画配信をしています。その記者の中には、さっき紹介したアメリカのICIJに参加している人もいます。そこで、パナマ文書の中に盧泰愚《ノテウ》元大統領の長男が税金逃れをしていることをつかんでスクープしたのです。

そんなふうに韓国では、ネット・メディアが既存のメディアに負けない活躍をしています。政権に屈しないアクティブなメディアを支持する国民が、やはりたくさんいるのです。そういう支持がジャーナリストを活性化させ、メディアとして経済的にも成立することにつながっているわけです。

望月　“Oh my News”が韓国で成功した後に日本に進出を図って、ソフトバンクや鳥越俊太郎さんの力を借りて一生懸命やっていましたが、うまくいきませんでした。「市民記者」を活用して情報発信しようという試みでしたが、いまいちでしたね。

ニューメディア期待の星、ワセダクロニクルの挑戦

望月　最近、日本でもやっとネット・メディアの非営利団体が注目され始めました。その先頭に立っているのが、ワセダクロニクルです。ファクラーさんが先ほど名称をあげていたＩＪＰはカリフォルニア大学をベースに調査報道をしているということでしたが、ワセダクロニクルは早稲田大学ジャーナリズム研究所が運営している非営利の調査報道メディアです。現在は世界探査ジャーナリズムネットワーク（ＧＩＪＮ）に加盟しています。

ワセダクロニクルを創刊した渡辺周《まこと》編集長は元朝日新聞の記者だった人です。「朝日の特報部のエース」と言われた優秀な記者で、調査報道によって「製薬会社から裏金を受け取った医者が患者にその会社の薬を処方している」というスクープを書いたことがあります。ワセダク

ロニクルの創刊号でも医薬品に関わるスクープ、「買われた記事〜電通グループからの『成功報酬』」という記事でいきなり注目を集めました。共同通信が全国の新聞に配信した医薬品の記事に対して、電通グループから共同通信に報酬が支払われているという特ダネでした。

渡辺編集長は前に話が出た二〇一四年の「吉田調書」の記事が取り消しになって以降、朝日の特報部が事実上休止状態になったことから、自ら調査報道専門のメディアを立ち上げるために独立した真のジャーナリストと呼ぶべき人です。

ファクラー　その後、吉田調書の件でスケープゴートにされてしまった木村英明さんもワセダクロニクルに入りましたよね。私もワセダクロニクルには、とても期待を寄せています。木村英明さんと渡辺編集長には、ぜひがんばって日本のジャーナリズム魂を見せてほしいと思います。

ワセダクロニクルも非営利のNGOだから善意の寄付金が頼りですよね。「多くの人たちに読んでもらうために料金設定はしない」という方針、つまり記事は無料だから、寄付がなければ調査報道はできません。二〇一七年二月に立ち上げた当初の運営資金はクラウドファンディングで五〇〇〇万円以上の寄付金が集まったと聞きましたが、この支援の輪が広がっていくといいですね。日本の皆さんは、こういうメディアを絶対に潰してはならないと思います。

バズフィード・ジャパンが示すメディアの可能性

望月　いま日本のネット系ニューメディアの中で、もっともうまくいっていると言えるのは、バズフィード・ジャパン（BuzzFeed Japan）だと思います。アメリカのネット・メディア、バズフィード社とヤフーの合弁事業で二〇一五年に設立されたニューメディアです。この創刊編集長も元朝日新聞の記者だった古田大輔さんです。古田さんは社会部記者や海外特派員として活躍した後、「朝日新聞デジタル」の編集やネット・メディア〝withnews〟の担当など、新聞社のニューメディアの可能性を追究してきた先駆者のひとりです。

ファクラー　バズフィードは世界各国で人気がありますが、日本でも成功しましたね。「良質なニュース&エンターテインメント」を目指したバズフィードの画像や動画を駆使したポップで明るい画面は若い世代にも受け入れられています。

望月　バズフィードの古田編集長に話を聞いたことがありますが、「Ｗｅｂサイトとしてはうまくいっているほうだと思うけど、調査報道をしたり、新聞のように問題を追及していったりする力がまだまだ足りない。取材体制の面では新聞には遠く及ばない」ということをしきりに言っていました。自分たちの取材力不足をどうやって補うかというと、結局は既存のメディアからの情報に頼らざるを得ないことが多いというわけです。

ネット・メディアの利点は、いくらでも見せ方の工夫ができることです。新聞だと、二次情報を伝える場合、「AP通信によると〜」というふうに記事を書いておしまいだけれど、ネットなら記事のネタ元や情報の発信源や日時を貼っておけば、読者がクリックひとつで知りたいことを掘り下げていけることです。

すでにどこかの新聞やテレビやその他のメディアが報じた情報でも、そのWebサイト上で初めて見る読者がたくさんいるわけです。そこで、Webサイトの強みである「文章量の制約はない」「このニュースが起きた時点までクリックひとつでさかのぼっていける」「このニュースに関連する情報をどんどん読める」「リアルでわかりやすい画像や動画をすぐに見られる」ということを活用して画面を作る。そうなると、そのネタ元がどのメディアであるかということは、読者にとってあまり重要ではなくなってしまうのです。

つまり、かならずしも独自の取材で、他社に先駆けてつかんだ一次情報を載せたわけではないのに、読者が知りたいことをわかりやすく丁寧に伝えてあげるだけで読者に支持される方法がネット・メディアにはあるわけです。「このサイトにアクセスすれば、私の興味関心があることはたいていカバーできる」という存在感を示せれば、その読者にとっては有用なメディアになれるのです。

ただ、やっぱり古田さんが課題だと考えている「バズフィード自体の取材力」という点では、今後、対策が必要だと思います。たとえば、森友疑惑が起きて、「バズフィードとしてもこの問題をもっと掘り下げていきたい」というふうに思ったとしても、そのための人材やノウハウは現状、各新聞社ほどは持っていません。

だとすれば、そういう力を持っているメディアと協力することで、ネット・メディアの可能性を広げていったらどうか。つまり、いつでもどこでも多くの読者に伝える力を持ったネット・メディアの強みと、調査報道やアクセス・ジャーナリズムのための人材とノウハウを持った既存メディアの強みを合体させていくこと。それが両者の今後の課題であり可能性だと思います。

なんだかんだ言って、大手新聞の記者や記者クラブに在籍しているメディアのジャーナリストというのは、若いころに支局で鍛えられたり、みんな訓練を受けてきているから高い調査能力を持っている人がたくさんいます。たとえば、モリカケの取材では朝日の調査報道力だけでなくNHKの調査力にも改めて感心しました。他がまだつかんでいない文書をいち早く入手したり、情報提供者とのコンタクト能力の高さを示しました。

そういうオールドメディアの昔から鍛え上げられてきた取材力という強みを発信する場所は、もう新聞やテレビだけに限定するのでなく、いかにバズフィードのようなニューメディアを使っていくかもポイントだと思います。

ネット・メディアは、どんなに勢いがあるところでも、組織が脆弱《ぜいじやく》だから取材体制も記者のバックアップ体制も、まだ整っていません。マンパワーの面でもノウハウの面でも、まだ既存のメディアにかなわない。しかし、既存のメディアが「まだ俺たちにかなわないだろう」と油断している余裕は、もうありません。なぜ既存のメディアが停滞して、新興のネット・メディアが支持を広げているのかを考えれば「一緒にやろう」と言うほうがいいに決まっていると思います。

ファクラー　その通りですよね。既存のメディアはニューメディアに「俺たちの武器をいろいろと教えるから、あなたたちの強みを活《い》かして新しいメディアを日本に作ろう」と働きかけるべきですね。

安倍首相がAbemaTVをジャックした日

望月　安倍首相とその側近たちは、テレビが政治に与える影響の大きさを熟知した政治家たちです。だから、ぶら下がりのテレビカメラの前で、うっかりしたことを言って失敗しないために、ぶら下がりでの質疑はかなり減ったと聞きました。政治部記者の間では「もしぶら下がりを続けていたら、安倍首相は絶対にモリカケでボロを出しまくって退陣に追い込まれていただろう」と言われています。

安倍首相は、内閣支持率や選挙の勝敗や政策の是非は、テレビがそれを国民にどう伝えるかによって大きく変わるということをよく知っているので、テレビを味方につけようとしたり、前に触れた萩生田文書や高市発言のように締め付けようとしたりしてきました。そして、最近では「放送法四条*2の撤廃」を言い始めています。安倍首相は今年二月に衆院予算委員会でこう言っています。

「私は以前、ＡｂｅｍａＴＶに出演いたしましたが、こうしたネットテレビは、視聴者の目線に立てば、（中略）地上波と全く変わらないわけであります。このように、技術革新によって通信と放送の垣根がなくなる中、国民共有財産である電波を有効活用するため、放送事業のあり方の大胆な見直しが必要だ」

官邸サイドは「インターネットと放送の融合を進めるにあたり、規制のレベルを比較的自由なネットに合わせるべきだ。そのために放送法四条を撤廃する」というようなことを言っていますが、ポイントはその四条に「政治的に公平であること」という一文があることです。これを盾に萩生田文書のようにテレビ局にプレッシャーをかけてきたのに、今度はネットテレビをダシにして「AbemaTVのように気持ちよく安倍政権の政見放送をやらせてくれるテレビこそ国家のためのテレビだ」とでも言わんばかりです。

テレビ局側は当然、放送法四条の撤廃などという我が身に危険が及ぶことには反対していますが、安倍首相にすれば、モリカケで旗色が悪くなった安倍政権をテレビがこれ以上、追い込むような放送をしたり、憲法改正の邪魔をしたりしないように再びプレッシャーをかけているとも受け取れます。

ファクラー　安倍首相の頭の中には、アメリカの「フェアネス・ドクトリン撤廃」[*3]があるんでしょうね。一九八〇年代後半にアメリカの放送局の「政治的公平性」に関する法的義務が撤廃されたのです。なぜそうしたのかというと、「多数のケーブルテレビ・チャンネルが誕生して、テレビが三大ネットワークの独占物でなくなった時代に、個々の局に政治的公平性を義務付けるよりも、自由なメディアを確保することのほうが、国民にとって真の公平を実現することにつながる」という判断があったからです。日本でも大手テレビ局による地上波の他に、ＢＳ、ＣＳ、インターネット放送が行われているこの時代に、「政治的公平」という放送法がそぐわないんじゃないかという考え方もあると言えばあるでしょう。

でも、トランプ政権を見ると、フェアネス・ドクトリン撤廃のおかげでＦＯＸテレビが大手を振ってトランプの応援団をして、三大ネットワークがフェイク・ニュース呼ばわりされるようになったとも言えます。

マスメディアは「中立」を目指す必要があるのか

望月　「不偏不党」「公平・中立・公正」はマスメディアの基本と言われていますが、実際は安倍政権べったりのメディアが大手の中にすでにいたりします。マスメディアがネット・メディアと同時代に共存していく環境の中では、改めてメディアの客観性とは何か、公平性とは何かを考える時期に来ていると思います。

ファクラー　日本のメディアは「中立」と言いながら、当局が発表したことをそのまま書いて「この記事は中立です」と言ったりしますが、当局そのものは、決して中立ではないわけだから、中立な記事になっているとは言い難い。

大事なのは中立という建前ではなくて、公正です。だれが読んでも「この記事は公正である」という信頼性が必要です。政治的な立場がどうであろうと、事実として公正であるかということは、左右など本来、関係ありません。メディアの客観性ということについても、大事なのはフェアネス、公正であることです。ある人にとって「これは喜ばしくない記事だ」というものであっても、「これは公正な記事である」というふうに、どの人からもちゃんと評価される記事でなければいけません。

たとえば、「メディアは中立である」と言って、「共和党も民主党も、どちらも支持しない」と言うのは簡単です。左右どちらか一方だけを持ち上げたり非難したりしないという意味の客観性ということなら、心がけて実践することはできます。でも、真の中立や哲学的な意味での客観性というのは、本来的には、ありえません。記者が新聞の原稿を書くという作業自体が、実は主観的な作業ですからね。

この問題でもっともジャーナリストが心がけるべきことは、事前に結論を決めてしまってはいけないということです。「これはこういうことだ」という見方をしたまま報道してしまうと、まちがった結論に辿《たど》り着いてしまう危険があります。どんな取材でも、予見や結論を頭に置いて臨むのではなく、質問や検証を重ねていった末に結論が見えてくる。報道というのは、結論で始まるのではなく、質問で始まるのです。そういう質問や検証の末に自ずと辿り着く結論を読者は出してほしいと思っているのです。記者がどんな取材をして何を調べたのか、だれに何を聞いて、どこで何を見て、そして最終的にどんな結論を出すのか。それを読者はいちばん知りたいのです。

そういう結論が何もなくて、妙に客観的なことが書きっぱなしのように書かれているだけで「だから要するに何なの？」と思うような記事は読者にとって価値があるでしょうか。

望月　前にも話題になった萩生田文書に「①出演者の発言回数と時間の公平を期すること、②ゲスト出演者等の選定も公平・公正を期すること、③テーマについて特定の立場からの意見の集中がないようにすること、④街角インタビュー、資料映像等で一方的な意見に偏る、特定の立場が強調されないようにすること」というような注文があったけれど、あれは選挙報道についてだったから「半々にする」というのはわかりやすいんですけどね。それでも報道の自由、言論・表現の自由という観点からは問題を多く含んでいると思います。放送法四条にも「意見が対立している問題については、できるだけ多くの角度から論点を明らかにすること」とあるのだから選挙のときは特に「半々にする」というのは視聴者にとってもわかりやすいでしょう。

じゃあ、他の問題のときはどうなのか。たとえば、安保問題でも憲法九条の問題でも半々に報道するだけで新聞の読者は納得するのか。これから国民的な議論が巻き起こっていくであろう問題について、「この新聞社はどう考えているのか」「この記者はどういう意見なのか」ということを読者は知りたいというのがいまの時代なのかもしれないですね。

昔のように中立神話を信じている人たちばかりではなくて、「じゃあ、あんたはどうなんだ?」という読者のニーズがあるんじゃないか。自由に発言して明確に意見を言うネット・メディアに慣れている人たちは「読売新聞としてはこう思います」「朝日新聞としてはこう考えます」「毎日新聞の○○はこう思います」ということを明示してくれるのを望んでいるのかもしれません。

ファクラー　半々に伝えるということが、読者にとってマイナスになるのは、たとえば、選挙に勝ったほうが明らかにウソをついている場合、そのウソを新聞がそのまま事実のように読者に伝えてしまうことです。政権は事実と違うことを言って政権を守ろうとすることがありますから、新聞はいつでもそれを疑って見ていなければいけません。もし疑問な点があったら、それを追及して、ちゃんと読者に伝えるのが新聞の役目です。

望月　半々という問題は、ちょうど国会の質問時間の変更の問題と重なる部分がありますね。

いままでの国会は慣例によって野党に多く時間を割いて審議を重ねて与野党の合意に向かっていこうという姿勢があったけれど、今回、与党は「議席に応じて質問時間を決める」と数の論理で押し切ろうという姿勢に変わった。それが「半々」というふうになっていったわけです。これで公平中立と与党は言いたいのかもしれないけれど、法案成立の過程を考えればそれはおかしい。本来、権力の座にある政府与党が法案を出してくるということは、力のあるほうが力のないほうに対して「この法案を認めろ」と迫っているようなものです。そのときに野党や少数派の意見も聞いて吸収していくというプロセスこそが民主主義の民主主義たる所以《ゆえん》だと思います。

そう考えると、新聞も「半々」「中立」ということだけを言っていると、政府の持っている力に押し流されていってしまう。政府は強い力を持っているのだから、少数意見も含めて政府案への反論をしっかり言える新聞でなければ、政府と反対の立場の人たちの声が国民に伝わらなくなってしまいます。政府が強い力によって権力の行使をすることをチェックできる機能を持つためには、中立神話よりもファクラーさんが言う通り、公正であること。それがメディアには大事だと思います。

ただ私の場合は上司や先輩から「記事への思い入れがちょっと強すぎる」と言われて中立的

に書き直されたりすることもありますから、もっと踏み込んで表現したいという思いもあります。まだニューヨーク・タイムズやファクラーさんのように新聞記事で「私は」という文章を書くところまではいっていませんが、外部のメディアでコラムを書かせてもらったり、テレビや講演会で話をさせてもらう機会には「私はこう思う」という表現をするチャンスだと考えています。新聞社やテレビ局によっては「よそで勝手なことを書いたりしゃべったりしてはいかん」という縛りがあって鬱憤を感じている人たちも少なくないので、そういう面では私は理解のある東京新聞、中日新聞に感謝しています。「半々」の枠を気にしないで発言する場を多少は与えられていますから。

ファクラー　メディアに「半々にしろ」ということは、メディアの主体性を否定するということです。みんなが言っていることをただ半分ずつ伝える。「与党はこう言っています」「野党はこう言っています」ということを伝えるだけならもうメディアは必要ありません。与野党のWebサイトを見ればそんなのはだれでもわかります。

新聞の存在意義は、そこに付加価値があるかどうか。つまり、「政府はこう言っているけれど、こういう疑問がある」「野党はこういう対案を出しているけれど、こういうマイナスがある」というふうに、もう一歩入り込んで読者に伝える。読者が見えていないところを取り出して見せてあげるのがメディアの付加価値だと思います。「半々」はだれでも見られますから、そこにはもうほとんど新聞の存在意義がないんです。

なぜフェイク・ニュースが喜ばれるのか

望月　新聞記者の本能としてスクープを書きたいというのはだれしもあると思いますが、いつどのタイミングで、どこまで確証を持って書くかというのは常に注意しなければいけません。第一報をバーンと書いたときに、特ダネの根幹は正しい事実だったとしても、記事のどこかに微細なまちがいがあるということが後々の経緯でわかったときは、ちゃんと訂正や修正記事を書いて、より正確に伝えていくことが大切です。

特にスクープを出すタイミングと確証について判断が難しいのは、まだどこも書いていないニュースを他社に先んじて出すという場合、一〇〇パーセントの情報はまだそろっていないけれど、八〇~九〇パーセントの情報はつかんだという段階で、完成度と速報を秤《はかり》にかけなければならないことです。核心となる部分に自信が持てるのであれば、一〇〇パーセントそろっていなくても行くべきときがあります。「まだ一〇〇パーセントそろっていないからそろうまで待とう」と用心しすぎていると、遅きに失してしまいます。

当局が動いていないようなものになると、「この情報提供者は本当に信頼できるのか」「このメモは本物か」という細かいチェックや裏取りが欠かせません。だからこそ調査報道の人的労力や時間やコストは大変なものがあるわけです。

そういうエネルギーとジャーナリストとしての経験値を費やして政府を追及した記事と、ネット上のデマや誹謗中傷《ひぼうちゆうしよう》のためのフェイク・ニュースが並列されてしまうという怖さがいまの時代にはあります。朝日新聞や毎日新聞に政府の不正疑惑についての調査報道記事が出ているのを見て、「どうせ政権を叩くための方便だろう」という見方をする読者がいます。既存のマスメディアが政府に都合のいい側と都合の悪い側に分かれているという現象を見て、マスメディアに対して疑心暗鬼になっているから、余計にネット・メディアのフェイク・ニュースに関心を持ってしまう。

大学生とメディア論を議論してみて驚くのは、優秀な大学生がネット右翼的なブログの記事と朝日新聞の記事を同じテーブルに載せて並列で受け止めたりしているんです。「これはいったいどっちを信じたらいいんだろう」と言っているのを聞いて驚きました。もうその両方が対等な感じで見られている空間ができているんですよ。

ファクラー　トランプ大統領の選挙のときに、そういうフェイク・ニュースがたくさん出回ったんですが、中でも有名なのがマイク・セルノビッチというブロガーです。彼はジャーナリストを名乗っていますが、選挙の前まではそんな経験も訓練もしていません。男性に対して女性をどうナンパすればいいかというアドバイスなどを書いていたブロガーでした。

彼のツイッターは、フォロワーが三四万人ほどいて、「ミーム」[*4]というワンフレーズで情報を広げていく方法でヒラリー・クリントン候補のネガティブなデマをじゃんじゃん書いて注目されました。取材などぜんぜんしないでテレビや動画を見て好き勝手なことを書いて、それを何度も繰り返しているうちにデマがあたかも事実のように受け取られてしまうという驚くべき現象が起きました。彼は「SNSを使って敵に勝つには論理的に議論をするのではなく敵の人格を攻撃して貶めることだ」と後に公言しています。

望月　完全に確信犯ですね。日本でも評論家と呼ばれてマスメディアに登場している人たちの中にも、そういう発言をしている人たちがいますよね。沖縄基地問題で「反対運動をしているのは金で雇われた中国人だ」などというとんでもないデマを飛ばしたり、MXテレビではDHCテレビジョンが制作した「ニュース女子」という番組で、事実ではない報道で反対運動を非難するという問題がありました。このデマ報道のときのインパクトや印象が強くて、いまだに基地反対運動を蔑視する人たちが繰り返し同じようなデマを飛ばし続けているわけです。
なぜ仮にも名のある言論人までもがそういうことをやっているのかというと、それを見て喜ぶ層が少なからずいるからです。つまり、お客がいるから演者が張り切って演じているわけです。まだ沖縄問題についてよく知らない人たちがネット右翼の意見に引きずられて、まだ消されていない何年か前のフェイク・ニュースを信じたりしている。

ファクラー　いま情報社会は、空間が分断されています。アメリカは特にそれが強くなっていて、自分の考え方と異なる意見は読みたくもないし聞きたくもないという人が増えているのです。自分の都合のいい情報だけしか見ようとしない。ネット社会によって世界が広がっていくという期待があったはずが、逆に狭くなっている。トランプ政権支持派は何度も名前の出たブライトバート・ニュースとFOXテレビしか見ないし、リベラル派はニューヨーク・タイムズしか読まないとかね。
一年ほど前に象徴的な出来事があって、ニューヨーク・タイムズがウォール・ストリート・ジャーナルのコラムニスト、ブレッド・ステファンさんを引き抜いたんです。この人は保守派の論客として有名です。ニューヨーク・タイムズとしては多様な意見があるべきだから保守派の評論家も必要だという判断ですが、移籍後、最初のコラムが、さっそく物議をかもしました。

「地球温暖化は果たして真実か。温暖化の原因は本当に人間によるものか」というテーマのコラムに読者の抗議が殺到したのです。

望月　ニューヨーク・タイムズの読者の中にも、多様な意見に耳を傾けたくないという人が増えているわけですね。

ファクラー　世界的に同じような現象が起こっていて、それぞれ主義主張が同じ人同士だけが集まってセクト化して、まるで部族のような塊があちこちにできている感じです。トランプ支持部族と反対部族に分かれ、安倍支持部族と反安倍部族が分かれ、お互いの意見に耳を傾けることをしなくなっている。不都合な情報に対しては、黴菌《ばいきん》のように拒絶反応を示して近づかないのです。

望月　きっと、そうしているほうが居心地がよくて楽なのかもしれない。耳が痛い情報は見ないようにして「あんなのフェイク・ニュースだ」と切り捨てる。本当は自分と反対の意見が出たら「何々？　そういうことがあるのか。それは本当か？　じゃあ、一応、その意見も聞いてみよう」という姿勢が必要なはずです。でも、自分で考えたり調べたり、自分が信じていたことを疑ったり考え直したりするのは面倒だから、やろうとしない。そういうことなんでしょうか。

ファクラー　思考停止ですよね。自分が気に入った情報を取り入れているだけというのは。自分が正しいと思っていたことが否定されるということは、そのときは不快なことだけれど、この壁を乗り越えれば新たな真実を見つけられるかもしれないという期待もあるんです。気に入らない情報を「フェイク・ニュースだ」と切り捨ててしまうのは、その壁を自ら高くして、真実に背を向けてしまっているのです。

望月　政治家は政治家で、そういう人に向けて、お互いに都合のいい話をしようとしますよね。「あの新聞は、いつも私たちを目の敵にして根も葉もないことを言っているんです」とかって。

ファクラー　政治家が新聞やテレビを通さなくても直接、国民に話ができるようになったというのが非常に大きな変化ですよね。インターネットやＳＮＳで自分のメッセージを多くの人たちに発信できるようになった。かつての政治家は街頭演説以外はマスメディアを通じて国民に訴えて支持を広げるというスタイルだったから、メディアを粗末に扱うことはできなかったけれど、いまはそうではありません。

自分に都合のいいメディアだけを寄せ付けておいて、都合の悪いメディアはシャットアウトしてしまう。自分を支持する人たちが気持ちよく聞いてくれるような情報だけを流して、それに反する情報は遮断する。これがフェイク・ニュースをあたかも事実のように伝えてしまう構造を生んでいるのです。

望月　テレビに出ている言論人の中にも、その手の人たちがいるというのが罪深いですよね。「森友学園の土地の値段がどうこうとガタガタ言っているけれど、たかだか八億円の話じゃないか。そんなことで国家の大所高所の問題を議論する時間を削るのはナンセンスだ」と真顔で言うわけです。加計疑惑にしても「規制撤廃はいいことでしょう」と言うから、「いや手続き上、こんなに重大な問題がある」ということを丁寧に説明しても、「結局、いつもマスコミはそういうところだけを切り取って報じるからアンフェアだ」と言って、問題の核心にはちゃんと耳を貸そうとしない。もう安倍政権擁護一本槍《いっぽんやり》なんです。

しかも、そういう人にかぎって森友・加計疑惑のことは、まるで不勉強です。一般の人たちでさえもニュースで知っている事実をぜんぜん把握しないで、ただ「そんなものはどうでもいい」と切り捨てようとする。初歩的な議論にさえならないんです。それで、「もっと大事な政治問題を語りましょうよ」って言うけど、そんな知識レベルで政治問題を語るのはどうなんだって、視聴者も思うんじゃないでしょうか。でも実は、そういう人にも結構な数の支持者がいるわけです。放送後、その人のツイッターには「よくぞ言ってくれた」と絶賛する声がたくさん届くのです。そういうコメンテーターのような人は、すぐに「また反安倍政権のマスメディアのいちゃもんだ」というようなことを言って、安倍政権支持派に大喜びされるんです。

ファクラー　そういう偏った見方ばかりしたがる人の特徴は、前にも触れたトランプ支持派のブロガー、マイク・セルノビッチと同じように、なんでもかんでも政治的にとらえて政敵攻撃をすることですよね。標的にした相手の人格を攻撃したり、政治的なレッテルを貼って「反対勢力によるフェイク・ニュースだ」という決めつけをしたりするのです。

望月　そうですね。詩織さんが告発会見をしたときも、政治的な意図を言いつのっている週刊誌がありました。「詩織さんの弁護士は山尾志桜里《しおり》さんと同期の弁護士と同じ事務所の人間だから、この告発は野党の策略にちがいない」と言うんです。しかし、これは内閣情報調査室がネタ元だと「週刊新潮」に書かれています。勇気を持ってひとりの女性として立ち上がった相手に、税金で運営されている機関がこんな真似をするのかと情けなくなりました。

ファクラー　そんなふうに、「政治的な反逆者だ」というレッテルを貼ってしまえば、その人が何を言っても信用されなくなるだろうという卑劣なやり方ですよね。すごく怖いのは、そうやってマスメディアも攻撃されて信用を貶められることになった場合です。たしかにマスメディアもまちがった報道をすることがあるから、それに対する批判は当然です。新聞が読者に不信感を持たれてしまうときもあるでしょう。

でも、そうなったままでは、いったいだれが政権をチェックするんでしょう。もし「マスメディアは信用できない」と国民がそっぽを向くようになったら、安倍首相が言っていることを全部そのまま信じ続けられるんですか。トランプ大統領が言っていることを全部そのまま信用するんですか。それでは政権に有利な情報ばかり出回ったり、権力側によるデマゴーグが飛び交ったりすることになってしまいます。
だから、新聞は「ちょっと待った。政府はこう言っているけど、あやしいぞ」という指摘ができる存在でなければ、社会が危険な方向に向かいかねません。

進化するフェイク・ニュース

望月　デマとかフェイク・ニュースが世の中に飛び交うようになってから感じるのは、フェイク・ニュースがどんどん巧妙になっているということです。明らかなデマというよりも「あれ？　これ、もしかして本当か？」と思うようなフェイク・ニュースが出てきて、これは怖いなあと思っています。

ファクラー　どう見てもフェイク・ニュースだというのではなく、ファクトが混じっているフエイク・ニュースが悪質ですね。完全な作り話ではなく、事実をもとにしてフェイク・ニュースを作っているんです。アメリカのトランプ支持派のブロガーの文章を見て感じるのは、読者の感情を煽る言葉を使うのが得意ということです。何かの事実を報道で見て、それに対する感想を扇動的に書いて「こんなことが許されていいのか!?」「これは国賊的行為だ!」というように持っていく。こういうスピンの仕方が得意ですね。そうなると、報道された事実自体は合っているから、とんでもない解釈でも共感を得られたりして厄介なんです。

望月 事実の切り取り方が巧妙なんですよ。たとえば、安保法制の反対運動が起きて、秋葉原でデモが行われている映像をネット右翼の人がどう伝えるかと言うと、ある団体の人たちが自分たちの旗を振りながら歩いているところだけを切り取って強調して見せているんです。それを見て、ネット右翼でもなんでもない人までもが、「なんだ。これは極左勢力による組織化された反対運動じゃないか」と思ったりするわけです。

これは事実ではありません。あのデモは、いわゆる無党派層の一般市民が自ら行動したものです。そういう人たちが大勢いたからあれだけの数になったのです。一部にはさまざまな組織団体の人たちも参加していますが、決して「組織化された運動」ではなく、一般の国民の声であり、運動でした。

それは二〇一八年の三月に朝日新聞のスクープで明らかにされた財務省による公文書改竄問題で「安倍辞めろ」デモが連日、国会前に大挙して集まったときも同じです。そこでもネット右翼の人たちは、ある団体の人たちが旗を持っているのを見つけ出して、「ここにも同じ活動家たちがいる。国家転覆を狙っている組織の活動だ」などと書くんです。それがいろんなところでシェアされて拡散していって、安倍退陣を求める声を潰そうとするわけです。

もちろんあのデモが活動家による組織的な運動であるはずもなく、幅広い層の人たちが思い思いに地下鉄に乗って集まってきて、雨の日も風の日もすごい数の人たちが声をあげているのです。そしてこれまで慎重だったNHKを始めとしたテレビ局が、改竄が発覚して以降こうしたデモを報じるようになりました。

ファクラー　やはり部族同士の争いになってきていますね。「ネット右翼部族」が「反安倍部族」を攻撃する。アメリカは早くからそうなっていましたが、日本も他の国々も似たようになってきていますね。こうなってくると、政治家もマスメディアも、両方の部族を納得させることは無理です。その結果、どうなるかというと、メディアの多くは、すべての人を納得させようとしなくなっていきます。つまり、主義主張によって分断された部族のうち、どの部族に向かって発信するか。ターゲットを決めて記事を書くということにますますなっていくんじゃないか。

私は、ある特定の部族に向かって記事を書くというようなことは評論家などがやることであって、本当のジャーナリズムじゃないと思います。しかし一方、だれもが読んで納得する記事を書こうとして表現を弱くしたり、取材を遠慮したり、あちこちに配慮して当たり障りがないように書いたりするのも、よくないと思います。そういう新聞はもう成立しません。もともとジャーナリズムというのは、一〇〇パーセントの人たちを納得させることができるわけではなかったんです。ただ、かつては「どの程度の人たちが納得しているか」ということがあまり見えなかった。だれが納得してだれが不満を持っているかがよく見えませんでした。

でも、いまは反応がすべて見えます。お互いに透明な空間の中で記事を書き、記事を読み、読者がいつでも声をあげることができるようになりました。だれもが声を出せるようになったこと自体は喜ばしいことです。ただフェイク・ニュースも出せるようになったり、ニューメディアは未熟なミスをすることがあったり、オールドメディアが特権を守ろうとするのが丸見えになったりすることもあります。

ここで改めてフェイク・ニュースについて指摘しておきたいのは、読者がフェイク・ニュースをどう考えているかということです。まず、政治家がフェイク・ニュースを飛ばして自分を有利にしようとしていることに対する怒りがあります。そして、もう一方には既存の大手メディアが既得権益を守って特権的に情報を出したり隠したりしていることに対して「フェイク・ニュースだ」と怒りをぶつけている人たちがいるのです。

そういう時代の中で、新聞はどうするべきかを見直す必要があります。もういままでの新聞のあり方では通用しません。紙の新聞であれデジタル版の新聞であれ、新聞として何をどう読者に伝えていくか。その答えは「読者が本当に読みたいと思う新聞を出す」ということしかないと思います。かつてと同じ新聞をいまの読者は望んでいません。

じゃあ、どういう新聞を読者は読みたいと思うか。それは付加価値が高い新聞だと思います。新聞しか情報源がなかった時代は、あれでよかったけれど、これだけ多くの情報源がネットを始め読者の手元にある状況の中で、「この新聞でなければ読めない記事があるから、この新聞を買おう」と思われる新聞であること。それを各新聞が読者にアピールしていく必要があります。

たとえば「うちは調査報道ではどこにも負けません」とか、「うちは権力と闘う新聞です」とか、「うちにはこういう優れた記者が書いた記事があります」「私たちが考える正義はこうです。だから政府を支持します」という新聞があってもいいと思います。

昔は「いつどこでだれが何をどんなふうにした」と報じて、ところどころに「WHY」があれば、読者は新聞を買ってくれました。しかし、それだけではもう新聞の存在意義はありません。新しい価値観、新しい存在意義、新しい付加価値が新聞に求められているのです。

＊1　パナマ文書

パナマの法律事務所モサック・フォンセカが作成した租税回避に関する機密文書。同文書は、二〇一五年ドイツの地方紙『南ドイツ新聞』に匿名で持ちこまれ、同社はワシントンDCにある国際調査報道ジャーナリスト連合（ＩＣＩＪ）に共同調査を依頼し、のちに公表されたことで世界中に衝撃を与えた。その内容はオフショア金融センターを利用する二一万余社の法人の株主や取締役などの情報が含まれ、関係者には著名な政治家や富裕層の人々がおり、公的組織も存在する。現在、八〇カ国のジャーナリストによって分析が進められている。

＊2　放送法四条

放送事業者が国内外で放送する放送番組の編集等について、政治的公平などを目的として定められた条文。「第四条　放送事業者は、国内放送及び内外放送の放送番組の編集に当たつては、次の各号の定めるところによらなければならない。一　公安及び善良な風俗を害しないこと。二　政治的に公平であること。三　報道は事実をまげないですること。四　意見が対立している問題については、できるだけ多くの角度から論点を明らかにすること。」

＊3　フェアネス・ドクトリン撤廃

フェアネス・ドクトリン（公平原則）。アメリカのテレビ・ラジオにおいて、公平な報道を行うことを定めた法律。一九八七年に廃止された。

＊4　ミーム

インターネットにおけるミームについての明確な定義はないが、ネットで流行っている「おもしろいネタ」というニュアンスで使われることが多い。典型的なミームとして、ネット上で収集した写真や画像などに見出しや短い解説を加えて読者の目を引く手法がある。事実ではないことでも繰り返しアップして拡散させることによって、恣意的なネタが、あたかも事実のように認知されることもある。元来のミーム（meme）はgene（遺伝子）とmimeme（模倣）を組み合わせた造語。遺伝によらず模倣することによって人から人へと伝えられ、増殖する文化情報。

第九章　権力から監視される記者たち

安倍政権による司法コントロール

望月　第二次安倍政権になってから、メディアへのコントロールと並んで目立っているのが、司法への影響力が強まって見えることです。政権の意向に逆らうような活動をしたり、政府にとって不都合な発言を繰り返したりする人物や組織が不当に勾留されるケースが、かつてないほど行われています。

たとえば、沖縄基地反対運動のリーダーのひとりである山城博治さんは、かねてから政府および当局にとって好ましくない存在でした。山城さんが仲間の人たちと日々の抗議活動をしているときから、当局は「何かあったらすぐ身柄を押さえてやろう」と狙っていて、立ち入り禁止の白線を踏んだだけでも逮捕される危険性があるという毎日が続いていました。そんな中、結局、山城さんは二〇一六年一〇月に沖縄県高江の米軍ヘリパッド建設に反対する抗議活動中に有刺鉄線を二本切った疑いで逮捕されました。その後、再逮捕されましたが、その容疑は「沖縄防衛局職員に暴行を加えた」というものでした。一般的な抗議活動をしている最中に職員がそれを制止するという非常によくある接触があっただけのことで、暴力行為に及んだというようなことではまったくない。ふつうは逮捕者が出るようなケースではありません。この逮捕自体が「沖縄県民への弾圧だ」という指摘があったほどでしたが、五カ月の長期にわたって勾留されました。これは同種の容疑と比較しても異例の長さでした。

この逮捕・勾留は安倍政権の司法へのコントロールが窺える象徴的な事件でした。実は山城さんが逮捕される九日前に菅官房長官が沖縄の防衛局を訪れているんです。どう見ても、そこで政府の意向を汲んだ当局が動いたとしか考えられません。

そして、森友疑惑では籠池夫妻が異例の長期勾留によって、まるで口封じのようになっている。財務省の公文書改竄疑惑のときに佐川氏の証人喚問に合わせて野党議員が籠池元理事長と接見して事情聴取をしたことはありますが、本人たちの肉声は封じられたままです（既出の注の通り二〇一八年五月二五日に保釈された）。被告人が否認を続けている状況で、公判前手続きが始まる前に釈放はできないという事情もあるのでしょうが、釈放したらまた何を言い出すかわからないから出すわけにはいかないという司法、政府の本音を代弁しているかのようにも見えてしまいます。あの夫婦の強烈なキャラクターはテレビの視聴率に非常に貢献していると聞きますからね。また毎日毎日あのふたりがテレビに出てきて、安倍昭恵さんたちのことをベラベラしゃべるのはたまったもんじゃないと官邸が恐れているのではと感じます。

そういう政権がらみの司法の動きを見ても、最高裁の人事までも安倍政権の意向が反映されているのを見ても、これって三権分立か？　と疑問さえ感じます。世界的に見れば、もっとひどい権力の司法コントロールがあるかもしれませんが、やはりこれは民主主義国家として大きな問題だと思います。もちろん我々メディアとしては、それを政府に問い質《ただ》しますが、「司法当局が判断している。政府として関知していない」と言うばかりですからね。まあ「政府として関与している」とは絶対に言えないでしょうけど。

ファクラー　そういう政府の態度に対して、メディアとしてどういう態度で臨むべきかと言えば、政府の言っていることを全部そのまま信じて報道しているだけではいけないですよね。こういう問題こそアクセス・ジャーナリズムだけでは事実はつかめません。

政府や地検は、こういう場合、かならずストーリーを作っています。単なる事実だけではなく「この人がなぜこういう悪いことをして捕まったのか」というストーリーを最初から作って、それに当てはめて「これは事実だ」と言っているのです。

そういうふうに当局が言っていることをそのまま信じて報道してしまうのがアクセス・ジャーナリズムのいちばん危険なところです。記者が当局とのアクセスが近すぎると、ウソのストーリーだったとしても見抜くことができません。もっと当局と距離を置いて「待てよ。あのストーリーは疑わしいぞ。こっちはこっちでちゃんと調べてみよう」ということができれば、当局が描いたものとは違うストーリーが見えてくるのです。そうすれば、本当の事実がつかめるわけです。

時の政府は、自分の政権に都合の悪い存在を法的に潰そうといつも狙っています。どんなストーリーで捕まえるかということを周到に練り上げて、そこにいくつかの調査で見つけた事実を入れ込んで逮捕まで持っていくのです。

たとえば、そのターゲットとなったのがライブドアの社長だった堀江貴文さんであり、松本サリン事件で被害者の家族がまったく無罪なのに誤認逮捕されたのも地検のストーリーによるものでした。

さらに政治的な摘発で言うと、野党第一党の民主党代表だった小沢一郎さんの西松事件[*1]も当局のストーリーでした。なぜ野党の党首があのタイミングで追及されたのか。実はあのとき、そういう疑問をぶつけているメディアはほとんどありませんでした。一歩引いてみれば、自民党が下野する可能性が高まったときに、ああいう疑惑が飛び出しているわけだから「これは政府与党のストーリーだな」ということに気づくはずなんです。でもアクセス・ジャーナリズムばかりだとそこに気づかないのです。

望月　あとになってみれば、よく見えるんですよね。西松事件のときは、私も手伝いに駆り出されたから覚えているんですが、普段は話もできないような東京地検の幹部が自ら私に近づいてリークしてきました。その必死な様子を見て「これは何がなんでも逮捕したいと思ってやっているんだな。マスコミを使って世論を味方につけようとしてリークしてるんだな」と思いましたけど。

当時は私もまだ社会部の特捜部事件の取材ばかりで、政治に対する意識もいまほどではなかったので、アクセス・ジャーナリズムの一員として取材の渦の中にいたひとりですが、地検の幹部に質問はしました。「これは小沢一郎さんを狙い撃ちですか？」と聞いたら「それは絶対にない。証拠がすべてだ。国策なんてありえない」と真剣な顔で答えていましたけど。

ファクラー　あのとき、西松建設が小沢さんのパーティー券を買っていたことが政治資金規正法違反に問われましたけれど、よく見ると自民党の森喜朗元総理大臣も二階俊博さんも同じように買ってもらっていると言われていたのに何も問われない。どう見ても不思議でしょう。

当局のストーリーがどういうふうになっているのかを読み取るためには、NHK七時のニュースがいちばんわかりやすいですね。「政府は北朝鮮情勢をこう分析して対応を急いでいます」「今日、警察が発表したところによると……」「……と東京地検は見ています」「安倍首相はトランプ大統領にこう働きかける方針です」。すべて主役が決まっていますよね。どのストーリーも、主役側が伝えたものなのです。

それをNHKが「正しいかどうか」を疑問視せずに、権力者が主役であるストーリーをそのまま伝えています。それだけでは、実は中国の国営放送CCTVとあまり変わらないんですよ。「今日、習近平国家主席がこう言いました」というのと同じです。

当局のストーリーによって標的とされた人の人権を守るには、当局の強い影響からの記者の独立が必要です。当局が本当に正しいことをしているかどうか。たとえば、東京地検が描いたストーリーを疑問視すること。本当は違うストーリーがあるのではないかと調べること。作られたストーリーの中でファクトを見るのではなく、ファクトを洗い直して違うストーリーを見つける。そういう取材がジャーナリズムとして国民の人権を守ることにつながると思います。

望月　人権についての国民の意識やジャーナリズムの権力監視においては、アメリカのジャーナリストは日本より意識が高いんでしょうかね。

ファクラー　アメリカが高くて日本が低いというんじゃなくて、アメリカはジョゼフ・R・マッカーシーがひどいレッド・パージ*2をした時代から何度も苦い経験をしてきたから、権力行使を疑う習慣が長い間で身についてきたんだと思います。ジャーナリズムの側も、権力に騙《だま》されて利用された経験を積み重ねて、いまの姿があるんだと思います。

ただ、当局とのアクセス・ジャーナリズムから距離を置いて調査報道で政府や当局の疑惑について書くという場合、アメリカの新聞は、しばしば裁判所に訴えられるんですよ。これに対する警戒と対策は、アメリカの新聞のもうひとつの仕事です。

アクセス・ジャーナリズムの中で当局の発表通りに書いていれば、そういうリスクはありませんが、当局のストーリーとは違うことを書いていく場合は、当局から反撃されて訴えられる危険がある。だから、「いや、当局はそう言っているが、我々には、こういう証拠がある。こっちが正しいという確証がある」ということを示す材料を必死にそろえていって記事にするわけです。新聞記事のほうが事実だという裏付けを持っていなければいけないのです。

それと同時に、新聞社としては、いざ訴えられたときの準備もしています。「これは向こうの立場を守ろうとして訴えてくる可能性がある」ということを記事にする場合、記者や編集者が事実確認と裏取りを念入りにするだけではなく、記事をあらかじめ弁護士に読んでもらって、その証拠も示しておくのです。弁護士が「ＯＫ。もし訴えられても、これなら勝てる」という

GOサインを出して記事にするのです。

望月　新聞記者は、常にそういうファクト・チェックが必要ですね。それをおろそかにしたらフェイク・ニュースを垂れ流す人たちを批判できないですからね。新聞はこんなに念入りにファクト・チェックをしているからこそ存在意義があるんだということを示し続けていかなければいけません。

望月記者、検察の取り調べを受ける！

望月　記事を書いたことによって訴えられるという経験を私も一度しています。二〇〇四年の日歯連事件の報道にかかわったときのことでした。この事件は日本歯科医師連盟から迂回《うかい》献金を受けた自民党議員が逮捕され、さらには橋本龍太郎元首相が一億円受け取っていたのを始め、自民党の実力者たちが連座していた事実がわかり、政界を揺るがす事件になりました。

この一億円の裏小切手のニュースはライバルの読売新聞に抜かれて報じられましたが、他の裏献金については軒並み東京新聞で報じていきました。発端は私が入手した献金授受の極秘リストでした。それを最初に報じたとき、東京地検特捜部が烈火のごとく怒ったようです。自分たちが捜査を進めている件なのに、なぜ東京新聞が横槍《よこやり》を入れるような記事を出すんだという怒りです。

裏献金は他社とのスクープ合戦になっていったのですが、私が入手したリストに基づいて書いた記事の中に、当時厚生労働大臣だった公明党の坂口力さんについて「『坂口厚労相側へ2000万円』日歯連、吉田容疑者通じ内部文書『医療対策』と記載、坂口氏側は否定」と報じました。この吉田という人は自民党の県議で、この件ですでに逮捕されていた人です。

ところが、吉田さんは坂口大臣に渡るはずの二〇〇〇万円のうちから四〇〇万円だけを渡したものの、後に拒否され返金されていたことがわかり「これは事実と反する」ということで坂口大臣と公明党は中日新聞と東京新聞の両編集局長に対して名誉棄損で訴えてきたのです。そこで、私を含めた現場の記者三人が東京地検特捜部に事情聴取で呼び出されたんです。

地検としては「リストはだれから受け取ったのか」ということを私から聞き出そうとしたわけです。内部告発者を見つけ出そうというのが狙いです。つまり、名誉棄損はダミーみたいなものですよね。私は二日間、特捜部キャップの検事にしつこく聞かれましたが、いっさい、ネタ元は答えませんでした。まさにテレビドラマの取り調べのように、優しくしたり凄《すご》んだりしてくるのをこらえ切って、相当疲弊しましたが、結局、両編集局長は不起訴処分に終わりました。

ファクラー　嫌な思いをしましたね。地検は「地検に横槍を入れるような記事を書くヤツはちょっとこらしめておこう」という気持ちがあったんでしょうね。望月さんとしては恐怖心が残りませんでしたか？　もうちょっとおとなしくしようとか当局の気に障ることはしないほうが身のためだとか思いましたか？

望月　それはまったくありませんでした。取り調べという経験をして新聞記者として感じたのは、取り調べを受けた人が家に帰るときにどういう気持ちになるのかということです。私は記者として、取り調べを受けた人の家に夜討ちをかけて取材をしたことがそれまで多々ありましたが、みんな逃げ隠れするような対応をします。その気持ちがいざ自分が取り調べを受けて初めてわかった気がしました。

　私は罪を犯してもいないし、逃げ隠れするつもりもないけれど、取り調べで「こんなことをして人間として恥ずかしくないのか」というような人格攻撃を受け続けると、「あれ？　私は悪いことをしたのかな？」と思ってしまったりするんです。ああ、こうやって取り調べを受けた人が追い詰められて、やってもいないことを自白してしまったりするのかということがわかりました。「それで親に顔向けできるのか」などと言われて家に帰ると、思わず「お母さん、ごめんなさい」と言いそうになります。これからは、ズカズカ踏み込んでいくだけでなく、被疑者や取材相手の気持ちにも、もっと配慮していこうという気持ちになりましたね。

アメリカの記者は重要な通信で暗号を使う

ファクラー　森友学園の財務省文書改竄が明らかになったとき、いつもは官房長官の会見に出ている望月さんが、麻生財務大臣の会見に飛び入り的な感じで出ていきましたよね。最後のほうで、何度も質問をぶつける望月さんに対して、麻生さんが「ああ、あなたが官邸で何度も何度も質問をしている人ね。財務省には、ひとりで何個も質問するという文化はないからね」と苦笑しているのが面白かったですね。

望月　そう言いながらも麻生大臣は、ちゃんと自分の言葉で話すところは官邸と違いますね。「あなたも上司に聞いてこいと言われて、何度も質問しているの？　大変だね」と冗談を言って笑っていたり、ペーパーしか読まないというスタイルではないところは人間臭いと言えるかもしれませんね。

ファクラー　そんなふうに官邸にも財務省にも切り込んでいると、標的にされたり監視されたりすることはありませんか？

望月　警察の公安や内閣情報調査室に強い政治家と言われる人たちが、私や政府に批判的な記者を公安などに照会をかけているという話を聞いたことはありますが、直接、身の回りで監視されている気配を感じたことはありません。

公安や内閣情報調査室の動きを間接的に伝えてくるというのは彼らの常套《じょうとう》手段だそうです。公安から直接「あなたを調べています」と言うはずがありません。国家権力による監視を宣言するなんてありえないから、間接的に私の耳に「公安が望月の身辺を洗っているらしい」というふうに入れておく。つまり、プレッシャーをかけようとしているわけです。「めったなことを書くと身のためにならないぞ」と思わせて、こちらの手を鈍らせたいのかもしれません。

ファクラー　トランプ大統領の場合は、自分に都合の悪い記事を書くワシントン・ポストの記者の実名をあげて非難するんですよね。そうすると、トランプ支持者からその記者のＳＮＳに抗議が殺到して炎上したり、そういう攻撃方法を使いますね。

望月　日本の官邸も私の質問を進行役の報道室長が何度も菅官房長官の顔色を見ながら遮って

きますが、官邸として直接、私に圧力をかけることはしません。ただその代わりに産経新聞が抗議の意味を含んだような質問状を送ってきたりしていました。官邸番の記者が、こんな質問状を送ってきました。「望月記者は主観に基づいた質問をしていると指摘を受けているがその認識はあるか」「質問は簡潔に、同趣旨の質問は控えて、などと注意を受けているが、改善の必要性についてどう考えているか」「記者会見にどのような姿勢で臨み、今後はどう考えているのか」。

ファクラー　同じメディアが、そんな菅官房長官の代弁者のようなことを言ってくるんですか。信じられませんね。望月さんは答えたんですか？

望月　編集局担当の上司が回答を送りました。「関係者への取材や資料に基づいて質問しています」「質問に対して明確な答えが得られないときは繰り返し質問することもあります」「国民が疑問に感じていることを率直に聞きたいと考えて記者会見に臨んでいます」。

ファクラー　一〇〇点満点の答えですね。「官房長官、望月はこんな返事をよこしました」と報告に行っているのが目に見えるようですね。

望月　気持ちのいいものではありませんが、ロシアの記者が殺されたり、マルタ島の記者が爆殺されたというニュースを見たりすると、こっちはかわいいものだと思います。アメリカも殺された記者の話は聞きませんね。

ファクラー　アメリカの場合は犯罪組織の取材をしている記者の死亡事件はあるかもしれませんが、政治がらみでは聞いたことがありません。法的に摘発するぐらいですね。でも法廷では記者側が勝つことが結構多いです。憲法で言論の自由が守られていますからね。ただ、記者の取材先である政府内の内部告発者は、国家公務員法によって守秘義務があるので、法廷では記者より弱いのです。

　メキシコでは麻薬組織に記者が殺された事件がありました。そして、たぶん世界でもっとも記者が権力によってつかまったり殺されたりする危険性があるのはロシアかもしれません。ロシアの女性記者アンナ・ポリトコフスカヤさんが殺されたのは有名な事件です。

望月　ファクラーさんは、きわどい取材をしているときなどに身の危険を感じたり、その国の国家権力から監視されたりすることはありましたか？

ファクラー　身の危険までは感じませんが、アメリカではビッグ・データによる監視が可能だから、取材先との秘密裏の情報交換やすごくセンシティブな問題について話をするときには、一般的な通信手段ではないものをいくつか使いわけて情報漏洩を防ぐようにしています。外部の人には解析不可能な暗号を用いた通信方法、たとえば、アメリカのジャーナリストたちがよく使っているのは“Signal”という暗号化されているSNSです。複雑な暗号を知っている者同士でなければアクセスできないから安心です。“WhatsApp”も暗号化されているからジャーナリストには利用者が多いです。

望月　そういえば、エドワード・スノーデンさんも“Signal”と“WhatsApp”を使っているようですね。

ファクラー　そうそう。あとはVPN（バーチャル・プライベート・ネットワーク）もいいです。私の携帯にはVPNがふたつ入っています。“Express”とF5のふたつです。“Express”は有料ですが、サーバーが全世界にいくつもあります。VPNによって自分の名前が匿名になって、だれが何をやっているか特定できないから安心して使えます。

ドイツがスノーデン事件の後に開発した暗号化されたメール“Tutanota”とスイスの暗号化されたメール“ProtoMail”もいいですよ。長い複雑な暗号を知っている人間同士でなければやりとりできないメールシステムです。使い方は“Gmail”と同じだけれど、暗号を交換している人同士以外、絶対に第三者が読めないようになっています。プロバイダーも読めません。数兆の組み合わせがあってビッグ・データでも解析できないくらいだから、アメリカ国内でも安全だし、中国やロシアの当局に見られたり傍受されたりする心配もありません。

望月　そういう通信手段を用いることは、アメリカの記者の間では常識なんですか？

ファクラー　そうです。常識ですね。メールや電話を盗みとられないように細心の注意をしなければ、それが身の危険につながりかねない。たとえば、情報提供者と重要な話を電話でしなければいけないときは「ちょっと"Signal"の電話に切り替えて話しましょう」と言って、暗号化されている回線で通話します。そうすれば盗聴の危険もありませんからね。

文春砲を恐れる政治家たち

望月　いま官邸を始め日本の政治家は、新聞よりもむしろ「週刊文春」の文春砲を恐れているところがあります。それは国民の反響が大きいからです。新聞が政府の疑惑を追及する記事を書いたときよりも、文春が政治家のスキャンダルを書けば、テレビは朝から晩までそれを追いかけて繰り返し報じます。それで小さな火種がどんどん大きな火事になって、政治家の辞任や落選につながっていくのです。

文春の記者と話をして感じたのは、新聞と週刊誌の記者の感覚は同じ記者でもずいぶん違うということでした。週刊誌も安倍政権に手痛い批判をすることがあるけれど、同じように野党も批判するし、どちらのスキャンダルでも同じように書きます。それは当然としても、そのときに週刊誌が追及するのは政権自体とか政治家自体というよりも、スキャンダル性の追及を大事にしています。ワイドショーも食いつきそうなネタを追及していきます。

新聞の場合は、食いつきがどうこうということではなく、社会的な問題意識や、国民の権利と権力のチェックということに主眼を置いています。新聞社や記者が考える理想社会と現実のギャップが少しでも埋まる社会にするためには何を書くべきか。社会に対して疑問を投げたり、政府への疑問を追及したり、それを国民に伝えるのが新聞記者の社会的使命だと思います。もちろん週刊誌には週刊誌の、新聞には新聞の、それぞれの役割があるから「いい悪い」という話ではありませんが、違いはあります。

ファクラー　どっちも両方あったほうがいいですよね。それぞれ別の角度から権力を監視しているわけですよね。国民の知る権利に関わる特ダネをつかんだときに、権力側にそれを潰されないことがいちばん大事なのです。

望月　政治家以外にも権力のある人はいるから、そういう力に負けないメディアであるということですね。たとえば、ニューヨーク・タイムズが大物の映画プロデューサーのセクハラについて大々的に書きましたが、あれがエンターテインメント系の新聞や雑誌だったら圧力をかけて記事を潰したかもしれませんよね。芸能系の記者は、彼のセクハラ、パワハラ行為を長い間、見て見ぬふりをしてきたけれど、ニューヨーク・タイムズはそんな圧力には負けない。それが本当のジャーナリズムのあるべき姿だと思います。あのとき、アメリカでは"#MeToo"[*3]というSNSのハッシュタグが立ち上がって、多くの女性が声をあげるきっかけとなりました。それが世界各国に広がって、日本でも詩織さんや、ブロガーで作家のはあちゅうさんたちが声をあげ、それに共感する人たちが数多く出てきました。

ファクラー　そういうふうに、いまの社会はだれもが声をあげることができます。そういう声があちこちからたくさんあがって、問題提起があったり情報提供があったりする情報社会の中で新聞はどうするのか。ニューヨーク・タイムズも朝日新聞も東京新聞も、そういう声の渦の中でどうやっていくのか。なぜこんなに多くの声がある中で東京新聞の声を聞くべきなのかということをアピールしなければいけませんよね。

そのひとつの存在意義としては、あまりにも声が多いと、どの情報が正しいかという情報の判断が読者にとって大事になってきます。つまり、一種のフィルターを求めている人もまだたくさんいるのです。そこで既存の新聞が取材力を発揮してちゃんと調べて、「これが事実だ」「これは事実じゃない」というゲートキーパーとしての役割を果たす。そういうニーズはまだまだあると思います。

ただ、既存の「マスメディア」という概念のメディアが今後、どういう形になるかはまだ見えないところがあります。アメリカや韓国のように社会が左右に分断されている部族社会では部族ごとにメディアが別々に存在する形にならないともかぎりません。日本もやがてはそういう分断社会になるかもしれません。

それは前にも少し述べましたが、日本の場合、どういう分断が起こりうるかと言えば、憲法改正の問題と、七〇年前の戦争をどう評価するかという問題です。日本がいままで棚上げにしてきたこの大きな問題が国民的議論として本格化したときには分断が起こるかもしれません。

望月　憲法九条の問題と戦争の問題、つまり、日本は二度とあのような戦争をしてはいけないという考え方についてどう評価するのか。「憲法九条を守ろう」という運動と「日本が戦争をできる国にしてはいけない」という運動をした人たちに取材してきた感想で言うと、安保法制のときは法案に反対する署名が三〇〇〇万人集まったようですが、憲法九条についてはそこまでの動きにはなっていないようです。

署名を集めた人たちは「日本が海外に出て戦争をする国にしていいんですか！　と訴えると

支持がどんどん広がったけれど、憲法問題はまだ少しわかりにくいのかもしれません」と話していました。

安倍政権側の憲法改正についての言い方が巧妙で、「自衛隊は憲法上、違憲状態になっているから、この際、きちんと書き込んでおきましょう」と言っているわけです。そう聞いて、「それぐらい認めてもいいいんじゃないか」と感じる人たちも結構いるんです。憲法改正のハードルを低く見せているところがうまいというかズルいというか。もしこんな感じのまま進んでいけば、安保法制のときよりは憲法改正のほうが騒がれない可能性もあります。とすると問題なのは、憲法改正問題よりも、戦争についての評価のほうです。日本が勇ましい方向にずんずん逆戻りしていくかのような動きが見えたら、むしろ大きなうねりが起こるのかもしれません。

しかし、ここで重要なのは安倍首相ら自民党が提案しようとしている九条三項加憲案は、違憲の疑いが濃厚な集団的自衛権の行使容認を前提とするものだということです。問われているのは、集団的自衛権が行使できる自衛隊を明記し認めうるか否かなのです。

ファクラー　前の戦争をどう考えるかという問題で、いちばん重要なポイントは、あの戦争を語り継ぐ人がいなくなっていることです。戦争を体験して戦争の悲惨さや残酷さを肌身で知っている世代の人が非常に少なくなっています。日本政府や日本軍が何をしたのかをちゃんと知っている人が、とても少なくなってしまいました。あの戦争の記憶が日本から消えかけているのです。ちょうどそのときに、日本が自衛以外の戦争ができる国になるような法律ができたり、新しい法案が検討されたりしているのです。

日本人はあの戦争を教訓としてきたはずなのに、なぜそれをちゃんと語り継いだり教育したりしないのか。そこがとても大きな問題だと思います。

望月　その通りですね。私たちが子どものころは戦争を体験した親や祖父母や大人たちがたくさんいました。戦争に行った人はその体験を身近な子どもたちにしてくれたし、親や祖父母は戦争で肉親を失った経験を聞かせてくれたり、街中焼け野原になった話や食べものが何もなかったという話を聞かせてくれたりしました。話をしている人も聞いている人も「二度と戦争をしてはいけない」という強い共通認識がありました。それが失われつつあるというのは、教育現場でそういうことを積極的に教えようとしてこなかったせいでしょう。

しかも、むしろ教えまいとする人たちや戦争という悲惨な過去を消そうとする人たちがいます。たとえば、在日特権を許さない市民の会などが先頭に立って、「教科書の中から集団自決や慰安婦という表記を削れ」という訴訟を起こして、「裁判で係争中だから」という理由で教科書検定サイドに削除を働きかけたりしています。第一次安倍政権以来、そういう歴史修正主義が出てきて、少しずつ過去の戦争犯罪を薄めさせようという動きを見せています。あのとき日本政府は国民に何を強いていたのか、海外の人に何を強いていたのかということを消し去っていこうという動きがあります。

そういう戦争にまつわる歴史を一生懸命教えている「『慰安婦』問題を子どもにどう教えるか」（高文研）の著者である大阪府の公立中学校の平井美津子さんという教師がいます。ところが、在特会（在日特権を許さない市民の会）を始めとする人たちは、その学校の校長に反論のための資料を持って直談判に行ってやめさせようとするなど、すごく詳細に、どこの学校の先生がどんなことを教えているのかを調べ上げて、教育委員会に文句を言いに行ったり、校長に文句を言ったりして、歴史を塗りかえようとしているんです。そういうことが、いまじわじわと広がっています。ただでさえ戦争についてきっちり教えていないというところがあるので、これがもっと教えられなくなってきている感じがします。これは怖いですよね。

そして、政治の場でもメディアでも、あの戦争をどう評価するかという議論がおろそかになったまま、いまに至って安保法制ができたり、武器輸出がどんどん進んだりしています。

ファクラー　その防波堤となるのが憲法九条のはずですよね。戦争の反省から生まれた平和憲法の核心部分ですからね。その憲法改正が国会で本格的に議論されるようになったときに、世論はどうなっていくでしょう。

望月　自民党支持層は若者が多いのですが、そこもポイントのひとつだと思います。二〇一七年六月から七月にかけてＮＨＫが行った「平和に関する意識調査」で、自民党支持が五割以上と言われ、新たに選挙権が与えられる一八歳・一九歳の人たちに「憲法九条を改正する必要があると思いますか」と尋ねたところ、約五三パーセントの人が「改正する必要はない」という答えでした。これを見ると、自民党支持と改憲支持が結びついているとは言えない。九条に自衛隊が書き込まれたとき、アメリカ型の経済的徴兵制を含めて若者たちが負うものを彼らはそれなりに真剣に考えていると思いました。

また「日米安全保障条約は、日本の平和と安全にどの程度役立っていると思いますか」の質問には、二〇歳以上は約八五パーセントが「役立っている」でしたが、一八歳・一九歳の人たちは約七六パーセントとそれよりもやや少ないことも印象的でした。そうしたいろいろな世論調査を見るかぎり、言われているほど若者層の改憲支持者がいるとは思えません。

だからこそ、最近、安倍首相がやたらに芸能人に近づき始めて、改憲賛成を一緒にアピールしてもらおうと思っているんじゃないかという気がします。安倍政権が思っていたほど、国民は「安倍さんが変えたいと言うなら変えてもいいよ」とは思っていないと私は見ています。

ファクラー　あの戦争をどう考えるか。平和憲法の礎と言える九条を本当に変えていいのか。日本の人たちが思っている以上に世界はそこを注目しています。それがやっぱり日本のこれからの方向性を示すうえで重要な点です。日本が七〇年以上、戦争をしなかったのは、戦争を体験した人たちが身を挺して防波堤となってきたからです。その人たちがいたから憲法もまったく変えなかった。「もう二度と戦争はしない」という決意があったから九条を守り抜いてきたんです。それが戦争を経験した世代とともになくなろうとしている。いままでの日本の社会がそんなふうに変わろうとしていると思います。まだどの方向に行くかわからないけれど世界はそこを注意深く見ています。

なぜなら、そこにはアジア情勢も絡んでいるからです。中国や朝鮮半島の様子もかなり変わってきました。中国の台頭と北朝鮮の核兵器問題。もしアメリカが撤退したり衰退したりすれば、日本が「もう自分たちで自分を守るしかない」というある意味で当たり前の結論を出して、それを世界に示すのかもしれない。核実験を行い、核開発を喧伝していた北朝鮮の金正恩委員長は、平昌五輪を皮切りに一挙に南北対話、米朝首脳会談の開催に舵を切り、「朝鮮半島の非核化」を表明して対話を進めていこうとしています。いまの国際情勢は、いろんなところでいろんなことが同時に発生しているから、その中で日本がこれからどう変わるかわからないですよね。いままでの当たり前が当たり前じゃなくなっているんです。

望月　ロッキード・マーティン社の幹部と話をしたときに強く感じたのは、日本の軍事装備は、憲法九条をどうするかという話以前に、すでに着々と軍事力増強に向かって進んでいるということです。巡航ミサイル導入を決め、一基八〇〇〜九〇〇億円と言われるイージス・アショアも前倒しで二基購入します。観測気球的に「護衛艦いずもを空母化させる検討を始めた」と読売が書き、各社が追いかけましたけど、小野寺防衛大臣は「さまざまな見地から考え不断の努力を行っていく」という曖昧なコメントしかしない。これはもう武器を売る側のロッキード・マーティン社からしても、「日本がここまで進むのか」と驚くようなことを日本版NSCが主導して進めているようなんです。もう憲法九条の議論が始まる前に専守防衛を超えて敵基地攻撃能力を持つ装備を一気に持とうとしている。憲法九条の前に現実論として装備してしまえと。民主主義の手続きをすっ飛ばして「そっちを先にやってしまえ」みたいな空気もあり、すごく怖いなと思っています。

ファクラー　いままでは、戦争を経験した世代と専守防衛が歯止めになっていたけれど、それがなくなったらどうするのか。日本の軍事力は戦後、弱体化して、いまはそんなに強くないみたいな認識を持っている日本人が結構多いと思いますが、実際はすでに軍事大国なんですよ。結構、強いです。海上自衛隊を世界の海軍と比べてみると、世界三位ぐらいと言われています。軍事については国家機密だから情報公開の基準がまちまちで、いろんな尺度があるんですが、少なくとも「いまの日本はイギリスより強い」と言われているぐらいです。

望月　いつのまにか軍事大国になっていた日本。議論がまったく追い付いていない。これは本当に怖いことだと思います。

＊1　西松事件

二〇〇三年から二〇〇六年にかけて西松建設から政治団体を通じて大物政治家などへの違法な献金が行われた容疑について東京地検特捜部が捜査、政界を揺るがせた。政治献金を受け取っていたとされる中心人物として小沢一郎民主党代表（当時）の名前がもっとも大きく報じられ、小沢氏の公設秘書が政治資金規正法違反で逮捕された。裁判では西松建設幹部や国会議員が執行猶予付きの禁錮刑および略式手続きによる罰金刑が確定。

＊2　レッド・パージ

共産主義者を公職や企業から追放すること。第二次世界大戦後、アメリカでは一九四八年〜一九五〇年代前半、共産党員が排除された。上院議員のジョゼフ・R・マッカーシーが中心となって弾圧が行われたことから「マッカーシズム」と呼ばれた。日本では「赤狩り」と呼ばれ、一九五〇年GHQの指令により約三万人が対象となった。

＊3　#MeToo

性的嫌がらせなどの被害体験を告白し共有するSNSのハッシュタグのこと。二〇一七年一〇月、アメリカのハリウッド映画プロデューサーによる女優やモデルへのセクハラ疑惑が報道されたことを受けて、女優のアリッサ・ミラノが同様の被害を受けた経験のある女性たちに「Me Too（私も）と声をあげよう」とツイッターで呼びかけたことが発端とされる。日本でも、前財務事務次官から女性記者が受けたセクハラ被害を告発する場にもなった。

おわりに

マーティン・ファクラー

新聞報道には、取材相手と密接な関係を築いて情報を得るアクセス・ジャーナリズムと独自取材による調査報道がある。日米ともそれは同じだが、アメリカの政治報道は政権の意図的なウソをそのまま報じて読者の信用を失うという苦い経験を重ねた末、アクセス・ジャーナリズムに頼ることなく調査報道に力を入れることで信頼を回復しようとしている新聞もある。トランプ政権以降はアクセスそのものをトランプ大統領が断ち切ってしまったから調査報道で行くしかない。

日本の新聞は記者クラブという「当局と記者が、いい関係を保って情報収集するシステム」のもとで作られている。記者が当局の機嫌を損ねないように忖度をして記事を書く。記者会見でも、当局にとって都合の悪い質問を積極的にぶつける人はあまりいない。

ところが、望月さんは、官邸に乗り込み、官房長官に厳しい質問を突き付けて、強い力を持った権力者を恐れることなく立ち向かっていく。本当のジャーナリストの姿を私たちに見せてくれている。

権力の監視役というジャーナリズム本来の役目を果たすために闘っている彼女に拍手を送りたい。そして、応援のメッセージを届けたい。そう思って、この対談をすることにした。

ただ、望月さんが会見で鋭い質問を続ける姿が注目を集めるというのは、実は歓迎すべきジャーナリズムの姿ではない。望月さんがやっていることは当然のことであり、逆に言えば、そうしない日本の大手メディアのほうが変なのだ。そういう望月さんをなぜもっと多くの記者たちが応援し、力を合わせて権力に対して鋭い質問をしようとしないのだろう。

もちろん、望月さん以外の記者たちの中にも、会見で厳しく当局を追及している人はいるし、ジャーナリストとしての使命感や問題意識や正義感をきちんと持っている人たちがたくさんいることを私はよく知っている。

しかし、そういうジャーナリストの活動の妨げとなっているものが日本には少なからずある。それが記者クラブ制度や既存の大手メディアの古い体質やネット時代の情報化社会といった構造的な問題だ。

それをなんとかして乗り越えて、真のジャーナリズムの使命を果たそうとがんばっている人たちが出てきたのも事実だ。たとえば、既存の大手メディアから独立して、新たなネット・メディアを立ち上げて調査報道をしている人たちもいるし、地方新聞は大手メディアにはできない深く鋭い取材をして、非常にいい記事を書いている。

日本のジャーナリズムは、従来の大手メディアが抱えてきた問題を乗り越えて、新たに生まれ変わるべきときを迎えていると思う。日本のジャーナリズムが抱えている課題について、もっとも強い問題意識を持ち、日々取り組んでいる日本のジャーナリストのひとりが望月さんだ。そうした問題の突破口について、今回、望月さんと語り合った。日本のジャーナリストがもっとアグレッシブな活動をするために、ジャーナリズムがさらにパワフルな報道をするために、素晴らしいヒントがたくさん見つかったと思っている。

望月衣塑子（もちづき　いそこ）

一九七五年、東京都生まれ。東京新聞社会部記者。二〇一七年、平和・協同ジャーナリスト基金賞奨励賞受賞。著書に『新聞記者』（角川新書）等。共著に『THE独裁者』（KKベストセラーズ）、『追及力』（光文社新書）。

Martin Fackler（マーティン・ファクラー）

一九六六年、アメリカ合衆国アイオワ州生まれ。ニューヨーク・タイムズ前東京支局長。著書に『「本当のこと」を伝えない日本の新聞』（双葉新書）、『権力者とメディアが対立する新時代』（詩想社新書）等。

権力《けんりょく》と新聞《しんぶん》の大問題《だいもんだい》

集英社新書〇九三七A

二〇一八年六月二〇日　第一刷発行
二〇一八年七月一〇日　第二刷発行

著者……望月衣塑子《もちづきいそこ》／マーティン・ファクラー

発行者……茨木政彦

発行所……株式会社集英社
東京都千代田区一ツ橋二-五-一〇　郵便番号一〇一-八〇五〇
電話　〇三-三二三〇-六三九一（編集部）
〇三-三二三〇-六〇八〇（読者係）
〇三-三二三〇-六三九三（販売部）書店専用

装幀……原　研哉　　組版……MOTHER

印刷所……大日本印刷株式会社　凸版印刷株式会社

製本所……加藤製本株式会社

定価はカバーに表示してあります。

ISBN 978-4-08-721037-8 C0231

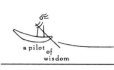

集英社新書　好評既刊

社会——B

ナビゲーション「位置情報」が世界を変える	山本 昇
視線がこわい	上野 玲
「独裁」入門	香山リカ
吉永小百合、オックスフォード大学で原爆詩を読む	早川敦子
原発ゼロ社会へ！ 新エネルギー論	広瀬 隆
エリート×アウトロー 世直し対談	堀田 力 玄 秀盛
自転車が街を変える	秋山岳志
原発、いのち、日本人	浅田次郎 藤原新也 ほか
「知」の挑戦 本と新聞の大学Ⅰ	一色 清 姜 尚中 ほか
「知」の挑戦 本と新聞の大学Ⅱ	一色 清 姜 尚中 ほか
東海・東南海・南海 巨大連動地震	高嶋哲夫
千曲川ワインバレー 新しい農業への視点	玉村豊男
教養の力 東大駒場で学ぶこと	斎藤兆史
消されゆくチベット	渡辺一枝
爆笑問題と考える いじめという怪物	太田 光 NHK「探検バクモン」取材班
部長、その恋愛はセクハラです！	牟田和恵
モバイルハウス 三万円で家をつくる	坂口恭平
東海村・村長の「脱原発」論	村上達也 神保哲生
「助けて」と言える国へ	奥田知志 茂木健一郎
わるいやつら	宇都宮健児
ルポ「中国製品」の闇	鈴木譲仁
スポーツの品格	桑田真澄 佐山和夫
ザ・タイガース 世界はボクらを待っていた	磯前順一
ミツバチ大量死は警告する	岡田幹治
本当に役に立つ「汚染地図」	沢野伸浩
「闇学」入門	中野 純
100年後の人々へ	小出裕章
リニア新幹線 巨大プロジェクトの「真実」	橋山禮治郎
人間って何ですか？	夢枕 獏 ほか
東アジアの危機「本と新聞の大学」講義録	一色 清 姜 尚中 ほか
不敵のジャーナリスト 筑紫哲也の流儀と思想	佐高 信
騒乱、混乱、波乱！ ありえない中国	小林史憲
なぜか結果を出す人の理由	野村克也

a pilot of wisdom

- イスラム戦争 中東崩壊と欧米の敗北　内藤正典
- 刑務所改革 社会的コストの視点から　沢登文治
- 沖縄の米軍基地「県外移設」を考える　高橋哲哉
- 日本の大問題「10年後を考える」――「本と新聞の大学」講義録　一色清／姜尚中ほか
- 原発訴訟が社会を変える　河合弘之
- 奇跡の村 地方は「人」で再生する　相川俊英
- 日本の犬猫は幸せか 動物保護施設アークの25年　エリザベス・オリバー
- おとなの始末　落合恵子
- 性のタブーのない日本　橋本治
- ジャーナリストはなぜ「戦場」へ行くのか ―取材現場からの自己検証　危険地報道を考えるジャーナリストの会・編
- 医療再生 日本とアメリカの現場から　大木隆生
- ブームをつくる 人がみずから動く仕組み　殿村美樹
- 「18歳選挙権」で社会はどう変わるか　林大介
- 3・11後の叛乱 反原連・しばき隊・SEALDs　笠井潔／野間易通
- 「戦後80年」はあるのか ――「本と新聞の大学」講義録　一色清／姜尚中ほか
- 非モテの品格 男にとって「弱さ」とは何か　杉田俊介
- 「イスラム国」はテロの元凶ではない グローバル・ジハードという幻想　川上泰徳
- 日本人 失格　田村淳
- たとえ世界が終わっても その先の日本を生きる君たちへ　橋本治
- あなたの隣の放射能汚染ゴミ　まさのあつこ
- マンションは日本人を幸せにするか　榊淳司
- 敗者の想像力　加藤典洋
- 人間の居場所　田原牧
- いとも優雅な意地悪の教本　橋本治
- 世界のタブー　阿門禮
- 明治維新150年を考える ――「本と新聞の大学」講義録　一色清／姜尚中ほか
- 「富士そば」は、なぜアルバイトにボーナスを出すのか　丹道夫
- 男と女の理不尽な愉しみ　林真理子／壇蜜
- 欲望する「ことば」「社会記号」とマーケティング　嶋浩一郎／松井剛
- ぼくたちはこの国をこんなふうに愛することに決めた　高橋源一郎
- ペンの力　浅田次郎／吉岡忍
- 「東北のハワイ」は、なぜV字回復したのか スパリゾートハワイアンズの奇跡　清水一利
- 村の酒屋を復活させる 田沢ワイン村の挑戦　玉村豊男
- デジタル・ポピュリズム 操作される世論と民主主義　福田直子